FREMDSPRACHENTEXTE · FRANZÖSISCH

Gustave Flaubert

Un Cœur simple

Herausgegeben von
Brigitte Sahner

Reclam

RECLAMS UNIVERSAL-BIBLIOTHEK Nr. 9200
1986 Philipp Reclam jun. GmbH & Co. KG,
Siemensstraße 32, 71254 Ditzingen
Druck und Bindung: Esser printSolutions GmbH,
Untere Sonnenstraße 5, 84030 Ergolding
Printed in Germany 2025
RECLAM, UNIVERSAL-BIBLIOTHEK und
RECLAMS UNIVERSAL-BIBLIOTHEK sind eingetragene Marken
der Philipp Reclam jun. GmbH & Co. KG, Stuttgart
ISBN 978-3-15-009200-2

www.reclam.de | info@reclam.de

Un Cœur simple

I

Pendant un demi-siècle, les bourgeoises de Pont-l'Évêque envièrent à Mme Aubain sa servante Félicité.

Pour cent francs par an, elle faisait la cuisine et le ménage, cousait, lavait, repassait, savait brider un cheval, engraisser les volailles, battre le beurre, et resta fidèle à sa maîtresse, – qui cependant n'était pas une personne agréable.

Elle avait épousé un beau garçon, sans fortune, mort au commencement de 1809, en lui laissant deux enfants très jeunes avec une quantité de dettes. Alors elle vendit ses immeubles, sauf la ferme de Toucques et la ferme de Geffosses, dont les rentes montaient à 5000 francs tout au plus, et elle quitta sa maison de Saint-Melaine pour en

3 f. **Pont-l'Évêque:** Ort in der Normandie, an der Toucques gelegen, die westlich der Seine in die Seine-Bucht mündet.
4 **envier qc à qn:** jdn. um etwas beneiden.
la servante: Magd, Dienstmädchen.
7 **repasser:** bügeln.
brider: (auf)zäumen, anspannen.
8 **engraisser:** mästen.
les volailles *f.:* Geflügel.
13 **les dettes** *f.:* Schulden.
14 **les immeubles** *m.:* hier: Grundbesitz.
15 **les rentes** *f.:* Einkünfte, Erträge.
monter à: hier: sich belaufen auf.
15 f. **tout au plus:** höchstens.

habiter une autre moins dispendieuse, ayant appartenu à ses ancêtres et placée derrière les halles.

Cette maison, revêtue d'ardoises, se trouvait entre un passage et une ruelle aboutissant à la rivière. Elle avait intérieurement des différences de niveau qui faisaient trébucher. Un vestibule étroit séparait la cuisine de la *salle* où Mme Aubain se tenait tout le long du jour, assise près de la croisée dans un fauteuil de paille. Contre le lambris, peint en blanc, s'alignaient huit chaises d'acajou. Un vieux piano supportait, sous un baromètre, un tas pyramidal de boîtes et de cartons. Deux bergères de tapisserie flanquaient la cheminée en marbre jaune et de style Louis XV. La pendule, au milieu, représentait un

1 **dispendieux, se:** kostspielig, aufwendig.
2 **un ancêtre:** Vorfahr, Ahn.
une halle: (Markt-)Halle.
3 **revêtir de:** hier: verkleiden, decken mit.
une ardoise: Schiefer(platte).
4 **la ruelle:** Gasse.
5 **intérieurement** (adv.): innen, im Innern.
6 **trébucher:** stolpern.
le vestibule: Flur, Diele, Vorzimmer.
7 **se tenir:** hier: sich aufhalten.
tout le long du jour: den ganzen Tag über.
8 **la croisée:** Fenster(kreuz).
9 **le lambris:** Wandtäfelung.
s'aligner: sich in die Reihe stellen; hier: in einer Reihe stehen, aneinandergereiht stehen.
9f. **un acajou:** Mahagoni.
11 **pyramidal, e:** pyramidenförmig; gewaltig.
11f. **la bergère de tapisserie** (*f.*): gepolsterter Lehnsessel mit gesticktem Bezug.
12 **flanquer qc:** etwas flankieren; zu beiden Seiten von etwas stehen.
13 **le style Louis XV:** Bezeichnung für den zur Zeit Ludwigs XV. (französischer König von 1715 bis 1774) entwickelten verfeinerten Barockstil.

temple de Vesta, – et tout l'appartement sentait un peu le moisi, car le plancher était plus bas que le jardin.

Au premier étage, il y avait d'abord la chambre de «Madame», très grande, tendue d'un papier à fleurs pâles, et contenant le portrait de «Monsieur» en costume de muscadin. Elle communiquait avec une chambre plus petite, où l'on voyait deux couchettes d'enfants, sans matelas. Puis venait le salon, toujours fermé, et rempli de meubles recouverts d'un drap. Ensuite un corridor menait à un cabinet d'étude; des livres et des paperasses garnissaient les rayons d'une bibliothèque entourant de ses trois côtés un large bureau de bois noir. Les deux panneaux en retour disparaissaient sous des dessins à la plume, des paysages à la gouache et des gravures d'Audran, souvenirs d'un temps meilleur et d'un luxe évanoui. Une lucarne au second étage éclairait la chambre de Félicité, ayant vue sur les prairies.

1 **un temple de Vesta:** Vesta-Tempel (Vesta: römische Göttin des häuslichen Herdes und des heiligen Herdfeuers, das den Bestand des Staates symbolisierte und in dem ihr geweihten Tempel gehütet wurde).

1 f. **sentir le moisi:** nach Moder, muffig riechen.

4 **tendre de:** bespannen, tapezieren mit.

6 **le muscadin:** Stutzer, Modegeck (während der Französischen Revolution abwertende Bezeichnung für die eleganten Royalisten).

7 **la couchette:** Liegeplatz; hier: Bett(chen).

10 **les paperasses** *f.*: Papiere, Schriftstücke.

11 **garnir:** hier: füllen.

13 **le panneau:** Platte, Fläche (einer Holztäfelung).

14 **la gouache:** Gouache (Maltechnik, bei der stark deckende, mit Harzen versetzte Wasserfarben benutzt werden).
la gravure: (Kupfer-)Stich.

14 f. **Audran:** Gérard A. (1640–1703), französischer Kupferstecher.

15 f. **évanoui, e:** hier: vergangen, entschwunden.

16 **la lucarne:** Dachluke, -fenster.

Elle se levait dès l'aube, pour ne pas manquer la messe, et travaillait jusqu'au soir sans interruption; puis, le dîner étant fini, la vaisselle en ordre et la porte bien close, elle enfouissait la bûche sous les cendres et s'endormait devant l'âtre, son rosaire à la main. Personne, dans les marchandages, ne montrait plus d'entêtement. Quant à la propreté, le poli de ses casseroles faisait le désespoir des autres servantes. Économe, elle mangeait avec lenteur, et recueillait du doigt sur la table les miettes de son pain, – un pain de douze livres, cuit exprès pour elle, et qui durait vingt jours.

En toute saison elle portait un mouchoir d'indienne fixé dans le dos par une épingle, un bonnet lui cachant les cheveux, des bas gris, un jupon rouge, et par-dessus sa camisole un tablier à bavette, comme les infirmières d'hôpital.

1 **une aube:** (Morgen-)Dämmerung, Tagesanbruch.
2 **sans interruption** (*f.*): ununterbrochen, ohne Unterlaß.
4 **clos, e:** verschlossen.
enfouir: vergraben, verscharren.
la bûche: (Holz-)Scheit.
5 **un âtre:** Herd, Feuerstelle, Kamin.
le rosaire: Rosenkranz.
6 **le marchandage:** Feilschen, Handeln.
un entêtement: Eigensinn, Hartnäckigkeit.
7 **le poli:** Glanz.
7f. **faire le désespoir de qn:** jdn. zur Verzweiflung bringen.
8 **économe:** haushälterisch, sparsam.
9 **recueillir du doigt:** mit dem Finger aufpicken.
la miette: Krümel, Krume.
10 **exprès:** extra, eigens.
12 **le mouchoir d'indienne** (*f.*): Tuch aus bedrucktem Kattun.
14 **le jupon:** Unterrock.
15 **la camisole:** (Unter-)Jacke, Leibchen.
le tablier à bavette (*f.*): Latzschürze.

Son visage était maigre et sa voix aiguë. À vingt-cinq ans, on lui en donnait quarante. Dès la cinquantaine, elle ne marqua plus aucun âge; – et, toujours silencieuse, la taille droite et les gestes mesurés, semblait une femme en bois, fonctionnant d'une manière automatique.

II

Elle avait eu, comme une autre, son histoire d'amour. Son père, un maçon, s'était tué en tombant d'un échafaudage. Puis sa mère mourut, ses sœurs se dispersèrent, un fermier la recueillit, et l'employa toute petite à garder les vaches dans la campagne. Elle grelottait sous des haillons, buvait à plat ventre l'eau des mares, à propos de rien était battue, et finalement fut chassée pour un vol de trente sols, qu'elle n'avait pas commis. Elle entra dans une autre ferme, y devint fille de basse-cour, et, comme elle plaisait aux patrons, ses camarades la jalousaient. Un soir du mois d'août (elle avait alors dix-huit ans), ils l'entraînèrent à l'assemblée de Colleville. Tout de suite

1 **aigu, uë:** spitz, schrill.
3f. **la taille droite:** mit aufrechter Haltung.
8 **le maçon:** Maurer.
8f. **un échafaudage:** Gerüst.
9 **se disperser:** sich zerstreuen, in alle Richtungen auseinandergehen.
10 **le fermier:** Landwirt, Pächter.
11 **grelotter:** (vor Kälte) zittern.
11f. **le haillon:** Lumpen, Fetzen.
12 **à plat ventre:** bäuchlings, (flach) auf dem Bauch (liegend).
la mare: Pfütze, Lache.
14 **le sol:** Sou (5 Centimes); Pfennig, Heller.
15 **la fille de basse-cour:** Viehmagd (*la basse-cour:* Hühnerhof, Hof für Haustiere).
18 **une assemblée:** hier: Jahrmarkt, Kirchweih.

elle fut étourdie, stupéfaite par le tapage des ménétriers, les lumières dans les arbres, la bigarrure des costumes, les dentelles, les croix d'or, cette masse de monde sautant à la fois. Elle se tenait à l'écart modestement, quand un jeune homme d'apparence cossue, et qui fumait sa pipe, les deux coudes sur le timon d'un banneau, vint l'inviter à la danse. Il lui paya du cidre, du café, de la galette, un foulard, et, s'imaginant qu'elle le devinait, offrit de la reconduire. Au bord d'un champ d'avoine, il la renversa brutalement. Elle eut peur et se mit à crier. Il s'éloigna.

Un autre soir, sur la route de Beaumont, elle voulut dépasser un grand chariot de foin qui avançait lentement, et en frôlant les roues elle reconnut Théodore.

Il l'aborda d'un air tranquille, disant qu'il fallait tout pardonner, puisque c'était «la faute de la boisson».

1 **elle fut étourdie:** sie war (wie) betäubt, berauscht; ihr verging Hören und Sehen.
stupéfait, e: bestürzt, betroffen.
le tapage: Lärm, Spektakel.
le ménétrier: Spielmann, Dorfmusikant.
2 **la bigarrure:** Buntheit, buntes Durcheinander.
3 **la dentelle:** Spitze (Gewebe).
4 **se tenir à l'écart** (*m.*): sich abseits halten, fernhalten.
5 **cossu, e:** stattlich, wohlhabend.
6 **le timon:** Deichsel.
le banneau: Karren.
7 **le cidre:** Apfelwein.
8 **la galette:** flacher, runder (Pfann-)Kuchen.
le foulard: seidenes Halstuch.
deviner qn (litt.): jds. Gedanken, jds. Absichten erraten.
9 **une avoine:** Hafer.
13 **le chariot:** Fuhrwerk, Wagen.
14 **frôler qc:** etwas streifen, leicht berühren; ganz nahe an etwas vorbeigehen.
15 **aborder qn:** jdn. anreden.

Elle ne sut que répondre et avait envie de s'enfuir. Aussitôt il parla des récoltes et des notables de la commune, car son père avait abandonné Colleville pour la ferme des Écots, de sorte que maintenant ils se trouvaient voisins. «Ah!» dit-elle. Il ajouta qu'on désirait l'établir. Du reste, il n'était pas pressé, et attendait une femme à son goût. Elle baissa la tête. Alors il lui demanda si elle pensait au mariage. Elle reprit, en souriant, que c'était mal de se moquer. «Mais non, je vous jure!» et du bras gauche il lui entoura la taille; elle marchait soutenue par son étreinte; ils se ralentirent. Le vent était mou, les étoiles brillaient, l'énorme charretée de foin oscillait devant eux; et les quatre chevaux, en traînant leurs pas, soulevaient de la poussière. Puis, sans commandement, ils tournèrent à droite. Il l'embrassa encore une fois. Elle disparut dans l'ombre.

Théodore, la semaine suivante, en obtint des rendez-vous.

Ils se rencontraient au fond des cours, derrière un mur, sous un arbre isolé. Elle n'était pas innocente à la manière des demoiselles, – les animaux l'avaient instruite; – mais la raison et l'instinct de l'honneur l'empêchèrent de faillir. Cette résistance exaspéra l'amour de

2 **les notables** *m.*: angesehene Bürger, Honoratioren.
6 **établir qn:** jdn. versorgen, unterbringen; hier: jdn. verheiraten.
8 **reprendre:** hier: erwidern.
11 **une étreinte:** Umarmung.
se ralentir: langsamer werden.
12 **la charretée:** Karrenladung; Fuhre.
13 **osciller:** schwanken.
20 **isolé, e:** einsam, vereinzelt; hier: freistehend.
innocent, e: unwissend, naiv, unaufgeklärt.
22 **un instinct de l'honneur:** Ehrgefühl.
23 **faillir:** einen Fehltritt begehen.
exaspérer: (aufs höchste) steigern.

Théodore, si bien que pour le satisfaire (ou naïvement peut-être) il proposa de l'épouser. Elle hésitait à le croire. Il fit de grands serments.

Bientôt il avoua quelque chose de fâcheux: ses parents, l'année dernière, lui avaient acheté un homme; mais d'un jour à l'autre on pourrait le reprendre; l'idée de servir l'effrayait. Cette couardise fut pour Félicité une preuve de tendresse; la sienne en redoubla. Elle s'échappait la nuit, et, parvenue au rendez-vous, Théodore la torturait avec ses inquiétudes et ses instances.

Enfin, il annonça qu'il irait lui-même à la Préfecture prendre des informations, et les apporterait dimanche prochain, entre onze heures et minuit.

Le moment arrivé, elle courut vers l'amoureux.

À sa place, elle trouva un de ses amis.

Il lui apprit qu'elle ne devait plus le revoir. Pour se garantir de la conscription, Théodore avait épousé une vieille femme très riche, Mme Lehoussais, de Toucques.

Ce fut un chagrin désordonné. Elle se jeta par terre, poussa des cris, appela le bon Dieu, et gémit toute seule

1 **naïvement** (adv.): hier: ohne Hintergedanken, unbewußt, spontan.
3 **faire de grands serments** (*m.*): heilige Eide, hoch und heilig schwören.
4 **fâcheux, se:** unangenehm, ärgerlich.
5 **acheter un homme:** einen Ersatzmann kaufen (zu der Zeit, da durch Losentscheid bestimmt wurde, wer seinen Militärdienst abzuleisten hatte, konnte man sich der Einberufung entziehen, indem man einen Ersatzmann stellte und dafür bezahlte).
7 **la couardise:** Feigheit.
8 **redoubler:** sich verdoppeln, stärker werden, zunehmen.
10 **torturer:** foltern, quälen.
les instances *f.:* Drängen, inständiges Bitten.
16 f. **se garantir de qc:** sich schützen gegen etwas, vor etwas sicher sein.
17 **la conscription:** Aushebung, Einberufung; Wehrpflicht.
19 **désordonné, e:** maßlos, grenzenlos.
20 **gémir:** jammern, wimmern.

dans la campagne jusqu'au soleil levant. Puis elle revint à la ferme, déclara son intention d'en partir; et, au bout du mois, ayant reçu ses comptes, elle enferma tout son petit bagage dans un mouchoir, et se rendit à Pont-l'Évêque.

Devant l'auberge, elle questionna une bourgeoise en capeline de veuve, et qui précisément cherchait une cuisinière. La jeune fille ne savait pas grand'chose, mais paraissait avoir tant de bonne volonté et si peu d'exigences, que Mme Aubain finit par dire:

– Soit, je vous accepte!

Félicité, un quart d'heure après, était installée chez elle.

D'abord elle y vécut dans une sorte de tremblement que lui causaient «le genre de la maison» et le souvenir de «Monsieur», planant sur tout! Paul et Virginie, l'un âgé de sept ans, l'autre de quatre à peine, lui semblaient formés d'une matière précieuse; elle les portait sur son dos comme un cheval, et Mme Aubain lui défendit de les baiser à chaque minute, ce qui la mortifia. Cependant elle se trouvait heureuse. La douceur du milieu avait fondu sa tristesse.

Tous les jeudis, des habitués venaient faire une partie de boston. Félicité préparait d'avance les cartes et les

3 **les comptes** *m.:* Löhnung, Lohn.
6 **une auberge:** Wirtshaus, Gasthof.
7 **la capeline de veuve:** Witwenhaube.
précisément (adv.): gerade.
14 **le tremblement:** Zittern; hier: Zaghaftigkeit, Beklommenheit.
16 **planer sur qc:** über etwas schweben.
20 **baiser:** küssen.
mortifier: demütigen, tief kränken.
23 **un habitué:** Freund des Hauses, Stammgast.
24 **le boston:** Boston (Kartenspiel).

chaufferettes. Ils arrivaient à huit heures bien juste, et se retiraient avant le coup de onze.

Chaque lundi matin, le brocanteur qui logeait sous l'allée étalait par terre ses ferrailles. Puis la ville se remplissait d'un bourdonnement de voix, où se mêlaient des hennissements de chevaux, des bêlements d'agneaux, des grognements de cochons, avec le bruit sec des carrioles dans la rue. Vers midi, au plus fort du marché, on voyait paraître sur le seuil un vieux paysan de haute taille, la casquette en arrière, le nez crochu, et qui était Robelin, le fermier de Geffosses. Peu de temps après, – c'était Liébard, le fermier de Toucques, petit, rouge, obèse, portant une veste grise et des houseaux armés d'éperons.

Tous deux offraient à leur propriétaire des poules ou des fromages. Félicité invariablement déjouait leurs astuces; et ils s'en allaient pleins de considération pour elle.

1 **la chaufferette:** Fußwärmer.
3 **le brocanteur:** Trödler.
une allée: hier: Durchgang.
4 **étaler:** auslegen, ausbreiten.
la ferraille: Alteisen, Schrott; Trödel.
5 **le bourdonnement de voix:** Stimmengewirr.
5f. **le hennissement:** Wiehern, Gewieher.
6 **le bêlement:** Blöken.
6f. **le grognement:** Grunzen.
7 **la carriole:** (Hand-)Karren.
8 **au plus fort du marché:** auf dem Höhepunkt des Markttreibens.
10 **le nez crochu:** Hakennase (*crochu, e:* krumm, gekrümmt).
12 **obèse:** fettleibig, feist.
13 **les houseaux** *m.:* Stulpenstiefel.
armé, e d'éperons (*m.*): sporenbesetzt.
14 **la propriétaire:** Eigentümerin; hier: Gutsherrin.
15 **invariablement** (adv.): (be)ständig, stets.
déjouer: vereiteln, durchkreuzen.
une astuce: Schlauheit, List.
16 **la considération:** (Hoch-)Achtung.

À des époques indéterminées, Mme Aubain recevait la visite du marquis de Gremanville, un de ses oncles, ruiné par la crapule et qui vivait à Falaise sur le dernier lopin de ses terres. Il se présentait toujours à l'heure du déjeuner, avec un affreux caniche dont les pattes salissaient tous les meubles. Malgré ses efforts pour paraître gentilhomme jusqu'à soulever son chapeau chaque fois qu'il disait: «Feu mon père», l'habitude l'entraînant, il se versait à boire coup sur coup, et lâchait des gaillardises. Félicité le poussait dehors poliment: «Vous en avez assez, monsieur de Gremanville! À une autre fois!» Et elle refermait la porte.

Elle l'ouvrait avec plaisir devant M. Bourais, ancien avoué. Sa cravate blanche et sa calvitie, le jabot de sa chemise, son ample redingote brune, sa façon de priser en arrondissant le bras, tout son individu lui produisait ce trouble où nous jette le spectacle des hommes extraordinaires.

Comme il gérait les propriétés de «Madame», il s'enfermait avec elle pendant des heures dans le cabinet de

1 **indéterminé, e:** unbestimmt.
3 **la crapule:** Liederlichkeit, Ausschweifung.
le lopin: Stück(chen).
5 **le caniche:** Pudel.
6 **le gentilhomme:** Adliger, Edelmann.
8 **feu mon père:** mein seliger Vater, mein Vater selig.
9 **la gaillardise:** zweideutige Äußerung, schlüpfrige Redensart.
14 **un avoué:** Anwalt, Advokat.
la calvitie: Kahlköpfigkeit, Glatze.
le jabot: Brustkrause, Spitzenbesatz.
15 **ample:** weit.
la redingote: Gehrock.
priser: (Tabak) schnupfen.
16 **arrondir:** (ab)runden; hier: biegen, beugen.
19 **gérer:** verwalten.

«Monsieur», et craignait toujours de se compromettre, respectait infiniment la magistrature, avait des prétentions au latin.

Pour instruire les enfants d'une manière agréable, il leur fit cadeau d'une géographie en estampes. Elles représentaient différentes scènes du monde, des anthropophages coiffés de plumes, un singe enlevant une demoiselle, des Bédouins dans le désert, une baleine qu'on harponnait, etc.

Paul donna l'explication de ces gravures à Félicité. Ce fut même toute son éducation littéraire.

Celle des enfants était faite par Guyot, un pauvre diable employé à la Mairie, fameux pour sa belle main, et qui repassait son canif sur sa botte.

Quand le temps était clair, on s'en allait de bonne heure à la ferme de Geffosses.

La cour est en pente, la maison dans le milieu; et la mer, au loin, apparaît comme une tache grise.

Félicité retirait de son cabas des tranches de viande

1 **se compromettre:** sich eine Blöße geben.
2 **la magistrature:** Verwaltungsdienst, Behörde, Richterstand.
2f. **avoir des prétentions** (*f.*) **au latin:** sich einbilden, Latein zu können.
5 **la géographie:** Erdkunde(buch).
une estampe: (Kupfer-)Stich.
6 **un anthropophage:** Menschenfresser.
7 **coiffé, e de plumes:** federngeschmückt, im Federkopfschmuck.
8 **la baleine:** Wal(fisch).
harponner: harpunieren.
11 **une éducation littéraire:** (schulische) Bildung.
13 **la belle main:** hier: schöne Handschrift.
14 **repasser:** hier: wetzen.
le canif: Messer.
17 **en pente:** abfallend, abschüssig.
19 **le cabas:** (Binsen-)Korb.

froide, et on déjeunait dans un appartement faisant suite à la laiterie. Il était le seul reste d'une habitation de plaisance, maintenant disparue. Le papier de la muraille en lambeaux tremblait aux courants d'air. Mme Aubain penchait son front, accablée de souvenirs; les enfants n'osaient plus parler. «Mais jouez donc!» disait-elle; ils décampaient.

Paul montait dans la grange, attrapait des oiseaux, faisait des ricochets sur la mare, ou tapait avec un bâton les grosses futailles qui résonnaient comme des tambours. Virginie donnait à manger aux lapins, se précipitait pour cueillir des bluets, et la rapidité de ses jambes découvrait ses petits pantalons brodés.

Un soir d'automne, on s'en retourna par les herbages. La lune à son premier quartier éclairait une partie du ciel, et un brouillard flottait comme une écharpe sur les

1f. **faire suite à qc:** auf etwas folgen; hier: an etwas stoßen.
2 **la laiterie:** Molkerei.
2f. **une habitation de plaisance** (*f.*): Landhaus, Sommersitz (*de plaisance:* Vergnügungs-).
3 **la muraille:** Mauer, Wand.
4 **en lambeaux** (*m.*): in Fetzen, zerrissen.
5 **accablé, e de qc:** von etwas niedergedrückt, bedrängt, überwältigt.
7 **décamper:** sich aus dem Staub machen, abziehen.
8 **la grange:** Scheune.
8f. **faire des ricochets:** Steinchen hüpfen lassen (*le ricochet:* Abprall[er]).
9 **la mare:** hier: Teich, Tümpel.
10 **la futaille:** Faß.
résonner: dröhnen, tönen.
le tambour: Trommel.
12 **le bluet:** Kornblume.
13 **broder:** (be)sticken.
14 **un herbage:** Weide(platz).
16 **flotter:** treiben, schweben; sich hinziehen.
une écharpe: Schärpe, Band.

sinuosités de la Toucques. Des bœufs, étendus au milieu du gazon, regardaient tranquillement ces quatre personnes passer. Dans la troisième pâture quelques-uns se levèrent, puis se mirent en rond devant elles. «Ne craignez rien!» dit Félicité; et, murmurant une sorte de complainte, elle flatta sur l'échine celui qui se trouvait le plus près; il fit volte-face, les autres l'imitèrent. Mais, quand l'herbage suivant fut traversé, un beuglement formidable s'éleva. C'était un taureau, que cachait le brouillard. Il avança vers les deux femmes. Mme Aubain allait courir. «Non! non! moins vite!» Elles pressaient le pas cependant, et entendaient par derrière un souffle sonore qui se rapprochait. Ses sabots, comme des marteaux, battaient l'herbe de la prairie; voilà qu'il galopait maintenant! Félicité se retourna, et elle arrachait à deux mains des plaques de terre qu'elle lui jetait dans les yeux. Il baissait le mufle, secouait les cornes et tremblait de fureur en beuglant horriblement. Mme Aubain, au bout de l'herbage avec ses deux petits, cherchait éperdue comment franchir le haut bord. Félicité reculait toujours devant le

1 **la sinuosité:** Windung, Biegung.
2 **le gazon:** Rasen; hier: Wiese.
3 **la pâture:** Weide(platz).
5f. **la complainte:** (volkstümliches) Klagelied.
6 **flatter qn:** jdm. schmeicheln; hier: jdn. streicheln.
une échine: Rückgrat, Rücken.
7 **faire volte-face** (*f.*): eine Kehrtwendung machen, sich umdrehen.
8 **le beuglement:** Brüllen.
11 **presser le pas:** den Schritt beschleunigen, schneller gehen.
12 **sonore:** (voll)tönend, klangvoll; hier: laut, durchdringend.
13 **le sabot:** hier: Huf.
16 **la plaque de terre:** Erdklumpen (*la plaque:* Platte, Schild).
17 **le mufle:** Maul.
19 **éperdu, e:** verzweifelt, außer sich (vor Angst).

taureau, et continuellement lançait des mottes de gazon qui l'aveuglaient, tandis qu'elle criait: «Dépêchez-vous! dépêchez-vous!»

Mme Aubain descendit le fossé, poussa Virginie, Paul ensuite, tomba plusieurs fois en tâchant de gravir le talus, et à force de courage y parvint.

Le taureau avait acculé Félicité contre une claire-voie; sa bave lui rejaillissait à la figure, une seconde de plus il l'éventrait. Elle eut le temps de se couler entre deux barreaux, et la grosse bête, toute surprise, s'arrêta.

Cet événement, pendant bien des années, fut un sujet de conversation à Pont-l'Évêque. Félicité n'en tira aucun orgueil, ne se doutant même pas qu'elle eût rien fait d'héroïque.

Virginie l'occupait exclusivement; – car elle eut, à la suite de son effroi, une affection nerveuse, et M. Poupart, le docteur, conseilla les bains de mer de Trouville.

1 **la motte de gazon:** Grassode (*la motte:* Scholle, Klumpen).
5 **gravir qc:** etwas erklimmen, hinaufklettern.
le talus: Abhang, Böschung.
7 **acculer qn contre qc:** jdn. gegen etwas drängen.
la claire-voie: (Gitter-)Zaun, Gatter.
8 **la bave:** Speichel, Geifer, Schaum.
rejaillir: spritzen.
9 **éventrer qn:** jdm. den Bauch aufschlitzen, jdn. zerfetzen.
se couler entre qc: zwischen etwas hindurchschlüpfen, sich zwischen etwas hindurchzwängen.
10 **le barreau:** Stab, Stange, Latte.
12 f. **ne pas en tirer d'orgueil:** nicht sonderlich stolz darauf sein, sich nichts darauf einbilden.
15 **exclusivement** (adv.): ausschließlich, ganz und gar.
16 **un effroi:** Entsetzen, Schrecken.
une affection: hier: Erkrankung, Krankheit, Leiden.
17 **Trouville:** bekannter Badeort an der normannischen Küste.

Dans ce temps-là, ils n'étaient pas fréquentés. Mme Aubain prit des renseignements, consulta Bourais, fit des préparatifs comme pour un long voyage.

Ses colis partirent la veille, dans la charrette de Liébard. Le lendemain, il amena deux chevaux dont l'un avait une selle de femme, munie d'un dossier de velours; et sur la croupe du second un manteau roulé formait une manière de siège. Mme Aubain y monta, derrière lui. Félicité se chargea de Virginie, et Paul enfourcha l'âne de M. Lechaptois, prêté sous la condition d'en avoir grand soin.

La route était si mauvaise que ses huit kilomètres exigèrent deux heures. Les chevaux enfonçaient jusqu'aux paturons dans la boue, et faisaient pour en sortir de brusques mouvements des hanches; ou bien ils butaient contre les ornières; d'autres fois, il leur fallait sauter. La jument de Liébard, à de certains endroits, s'arrêtait tout à coup. Il attendait patiemment qu'elle se remît en marche; et il parlait des personnes dont les propriétés

1 **fréquenter qn:** jdn. häufig, regelmäßig besuchen.
2 **consulter qn:** jdn. um Rat fragen, zu Rate ziehen.
2f. **faire des préparatifs** (*m.*): Vorbereitungen treffen.
4 **le colis:** Gepäckstück, Paket.
6 **la selle:** Sattel.
munir de qc: mit etwas ausstatten, versehen.
le dossier: (Rücken-)Lehne.
7 **la croupe:** Kruppe, Rücken (des Pferdes).
9 **se charger de qn:** sich jds. annehmen, sich um jdn. kümmern.
enfourcher qc: etwas besteigen, sich auf etwas schwingen.
13 **enfoncer:** ver-, einsinken.
14 **le paturon:** Fessel (Bein).
15 **la hanche:** Hüfte; Oberschenkel.
15f. **buter contre qc:** gegen etwas stoßen, über etwas stolpern.
16 **une ornière:** Rad-, Wagenspur.
17 **la jument:** Stute.

bordaient la route, ajoutant à leur histoire des réflexions morales. Ainsi, au milieu de Toucques, comme on passait sous des fenêtres entourées de capucines, il dit, avec un haussement d'épaules: «En voilà une, Mme Lehoussais, qui au lieu de prendre un jeune homme . . .» Félicité n'entendit pas le reste; les chevaux trottaient, l'âne galopait; tous enfilèrent un sentier, une barrière tourna, deux garçons parurent, et l'on descendit devant le purin, sur le seuil même de la porte.

La mère Liébard, en apercevant sa maîtresse, prodigua les démonstrations de joie. Elle lui servit un déjeuner où il y avait un aloyau, des tripes, du boudin, une fricassée de poulet, du cidre mousseux, une tarte aux compotes et des prunes à l'eau-de-vie, accompagnant le tout de politesses à Madame qui paraissait en meilleure santé, à Mademoiselle devenue «magnifique», à M. Paul singulièrement «forci», sans oublier leurs grands-parents

1 **border qc:** etwas säumen, sich an etwas entlangziehen, an etwas grenzen.
3 **la capucine:** Kapuzinerkresse.
4 **le haussement d'épaules:** Achselzucken.
6 **trotter:** traben.
7 **enfiler:** einfädeln; aufspießen; hier: einschlagen.
le sentier: Pfad, Fußweg.
la barrière: Absperrung, Schranke.
8 **le purin:** Jauche, Misthaufen.
10 **prodiguer qc:** mit etwas freigebig sein, nicht geizen.
11 **la démonstration:** Kundgebung, Bezeugung, Äußerung.
12 **un aloyau:** Lendenbraten.
les tripes *f.:* Kaldaunen, Kutteln.
le boudin: Blutwurst.
13 **mousseux, se:** schäumend.
14 **une eau-de-vie:** Schnaps, Branntwein.
16f. **singulièrement** (adv.): besonders, überaus.
17 **forcir** (fam.): kräftig(er) werden.

défunts que les Liébard avaient connus, étant au service de la famille depuis plusieurs générations. La ferme avait, comme eux, un caractère d'ancienneté. Les poutrelles du plafond étaient vermoulues, les murailles noires de fumée, les carreaux gris de poussière. Un dressoir en chêne supportait toutes sortes d'ustensiles, des brocs, des assiettes, des écuelles d'étain, des pièges à loup, des forces pour les moutons; une seringue énorme fit rire les enfants. Pas un arbre des trois cours qui n'eût des champignons à sa base, ou dans ses rameaux une touffe de gui. Le vent en avait jeté bas plusieurs. Ils avaient repris par le milieu; et tous fléchissaient sous la quantité de leurs pommes. Les toits de paille, pareils à du velours brun et inégaux d'épaisseur, résistaient aux plus fortes bourrasques. Cependant la charretterie tombait

1 **défunt, e:** verstorben.
3 **une ancienneté:** Alter.
3f. **la poutrelle:** (kleiner) Balken.
4 **vermoulu, e:** wurmstichig.
5 **le carreau:** Fenster(scheibe).
5f. **le dressoir:** Anrichte, Geschirrschrank.
6 **les ustensiles** *m.*: Gerätschaften, Utensilien.
7 **le broc:** Kanne, Krug.
une écuelle: Napf, Schale, Schüssel.
un étain: Zinn.
7f. **le piège à loup:** Wolfseisen, -falle.
8 **les forces** *f.*: (große) Schere.
la séringue: (medizinische) Spritze.
10 **le rameau:** Zweig, (dünner) Ast.
11 **la touffe:** Busch, Büschel.
le gui: Mistel.
12 **reprendre par le milieu:** in der Mitte wieder Wurzeln schlagen, ausschlagen.
fléchir: sich biegen.
15 **la bourrasque:** heftiger Windstoß, Sturm.
la charretterie: Wagenschuppen.

en ruines. Mme Aubain dit qu'elle aviserait, et commanda de reharnacher les bêtes.

On fut encore une demi-heure avant d'atteindre Trouville. La petite caravane mit pied à terre pour passer les *Écores*; c'était une falaise surplombant des bateaux; et trois minutes plus tard, au bout du quai, on entra dans la cour de *l'Agneau d'or*, chez la mère David.

Virginie, dès les premiers jours, se sentit moins faible, résultat du changement d'air et de l'action des bains. Elle les prenait en chemise, à défaut d'un costume; et sa bonne la rhabillait dans une cabane de douanier qui servait aux baigneurs.

L'après-midi, on s'en allait avec l'âne au delà des Roches-Noires, du côté d'Hennequeville. Le sentier, d'abord, montait entre des terrains vallonnés comme la pelouse d'un parc, puis arrivait sur un plateau où alternaient des pâturages et des champs en labour. À la lisière du chemin, dans le fouillis des ronces, des houx se dres-

1 **aviser:** sich Gedanken machen, Abhilfe schaffen.
2 **reharnacher:** wieder anschirren.
4 **la caravane:** Karawane; (Reise-)Gesellschaft, Gruppe.
mettre pied à terre: absteigen, absitzen.
5 **la falaise:** Steilküste, Klippe.
surplomber qc: über etwas hinausragen.
11 **rhabiller:** wieder anziehen, -kleiden.
la cabane: Hütte, Häuschen.
15 **vallonné, e:** hügelig, gewellt.
16 **la pelouse:** Rasen.
16f. **alterner:** abwechseln, sich ablösen, aufeinanderfolgen.
17 **le champ en labour:** bestelltes Feld (*le labour:* Feldbestellung, Bodenbearbeitung.)
la lisière: Rand, Saum, Rain.
18 **le fouillis des ronces** (*f.*): Brombeer-, Dornengestrüpp.
le houx: Stechpalme.

saient: çà et là, un grand arbre mort faisait sur l'air bleu des zigzags avec ses branches.

Presque toujours on se reposait dans un pré, ayant Deauville à gauche, Le Havre à droite et en face la pleine mer. Elle était brillante de soleil, lisse comme un miroir, tellement douce qu'on entendait à peine son murmure; des moineaux cachés pépiaient et la voûte immense du ciel recouvrait tout cela. Mme Aubain, assise, travaillait à son ouvrage de couture; Virginie près d'elle tressait des joncs; Félicité sarclait des fleurs de lavande; Paul, qui s'ennuyait, voulait partir.

D'autres fois, ayant passé la Toucques en bateau, ils cherchaient des coquilles. La marée basse laissait à découvert des oursins, des godefiches, des méduses; et les enfants couraient, pour saisir des flocons d'écume que le vent emportait. Les flots endormis, en tombant sur le

4 **la pleine mer:** freies, offenes Meer.
5 **lisse:** glatt, eben.
le miroir: Spiegel.
7 **le moineau:** Sperling, Spatz.
pépier: piepen, tschilpen.
la voûte: Gewölbe, Wölbung.
9 **tresser:** winden.
10 **le jonc:** Binse, (Schilf-)Rohr.
sarcler: herausreißen, rupfen.
la lavande: Lavendel.
13 **la coquille:** Muschel.
la marée basse: Ebbe, Niedrigwasser.
13 f. **laisser à découvert:** zurücklassen (*à découvert:* offen, ungeschützt, freiliegend).
14 **un oursin:** Seeigel.
la méduse: Qualle.
15 **le flocon:** Flocke.
une écume: Schaum, Gischt.
16 **endormi, e:** schläfrig, träge.

sable, se déroulaient le long de la grève; elle s'étendait à perte de vue, mais du côté de la terre avait pour limite les dunes la séparant du *Marais*, large prairie en forme d'hippodrome. Quand ils revenaient par là, Trouville, au fond sur la pente du coteau, à chaque pas grandissait, et avec toutes ses maisons inégales semblait s'épanouir dans un désordre gai.

Les jours qu'il faisait trop chaud, ils ne sortaient pas de leur chambre. L'éblouissante clarté du dehors plaquait des barres de lumière entre les lames des jalousies. Aucun bruit dans le village. En bas, sur le trottoir, personne. Ce silence épandu augmentait la tranquillité des choses. Au loin, les marteaux des calfats tamponnaient des carènes, et une brise lourde apportait la senteur du goudron.

Le principal divertissement était le retour des barques. Dès qu'elles avaient dépassé les balises, elles commen-

1 **se dérouler le long de la grève:** auf dem Strand auslaufen.
3 **le marais:** Sumpf, Bruch, Moor.
4 **un hippodrome:** (Pferde-)Rennbahn.
5 **le coteau:** Anhöhe, Hügel.
6 **s'épanouir:** erblühen, sich ausbreiten.
9 **éblouissant, e:** blendend, gleißend.
plaquer: (auf)drücken; hier: (ein)dringen lassen.
10 **la barre de lumière:** Lichtstreifen.
la lame: Lamelle, Brettchen, Stab.
la jalousie: (Fenster-)Laden, Jalousie.
12 **s'épandre:** sich ausbreiten, sich auf alles legen.
13 **le calfat:** Kalfaterer.
tamponner qc: etwas zustopfen, abdichten.
14 **la carène:** (Schiffs-)Kiel.
la senteur: Duft, Geruch.
15 **le goudron:** Teer.
16 **le divertissement:** Unterhaltung, Vergnügen.
17 **la balise:** Boje, Bake.

çaient à louvoyer. Leurs voiles descendaient aux deux tiers des mâts; et, la misaine gonflée comme un ballon, elles avançaient, glissaient dans le clapotement des vagues, jusqu'au milieu du port, où l'ancre tout à coup tombait. Ensuite le bateau se plaçait contre le quai. Les matelots jetaient par-dessus le bordage des poissons palpitants; une file de charrettes les attendait, et des femmes en bonnet de coton s'élançaient pour prendre les corbeilles et embrasser leurs hommes.

Une d'elles, un jour, aborda Félicité, qui peu de temps après entra dans la chambre toute joyeuse. Elle avait retrouvé une sœur; et Nastasie Barette, femme Leroux, apparut, tenant un nourrisson à sa poitrine, de la main droite un autre enfant, et à sa gauche un petit mousse, les poings sur les hanches et le béret sur l'oreille.

Au bout d'un quart d'heure, Mme Aubain la congédia.

On les rencontrait toujours aux abords de la cuisine, ou dans les promenades que l'on faisait. Le mari ne se montrait pas.

Félicité se prit d'affection pour eux. Elle leur acheta une

1 **louvoyer:** kreuzen (Manöver beim Segeln gegen den Wind).
2 **le mât:** Mast.
la misaine: Fock(segel), Vordersegel.
3 **le clapotement:** Plätschern, Klatschen.
6 **le bordage:** (Schiffs-)Planke.
6f. **palpiter:** zucken, zittern, zappeln.
7 **la file:** Reihe.
8f. **la corbeille:** Korb.
12 **femme Leroux:** verheiratete, verehelichte Leroux.
13 **le nourrisson:** Säugling.
14 **le mousse:** Schiffsjunge; hier: Kerlchen.
15 **le béret:** (Basken-)Mütze.
16 **congédier qn:** jdn. verabschieden.
17 **aux abords de:** in unmittelbarer Umgebung von, in der Nähe von.
20 **se prendre d'affection pour qn:** jdn. liebgewinnen.

couverture, des chemises, un fourneau; évidemment ils l'exploitaient. Cette faiblesse agaçait Mme Aubain, qui d'ailleurs n'aimait pas les familiarités du neveu, – car il tutoyait son fils; – et, comme Virginie toussait et que la saison n'était plus bonne, elle revint à Pont-l'Évêque.

M. Bourais l'éclaira sur le choix d'un collège. Celui de Caen passait pour le meilleur. Paul y fut envoyé, et fit bravement ses adieux, satisfait d'aller vivre dans une maison où il aurait des camarades.

Mme Aubain se résigna à l'éloignement de son fils, parce qu'il était indispensable. Virginie y songea de moins en moins. Félicité regrettait son tapage. Mais une occupation vint la distraire; à partir de Noël, elle mena tous les jours la petite fille au catéchisme.

III

Quand elle avait fait à la porte une génuflexion, elle s'avançait sous la haute nef, entre la double ligne des chaises, ouvrait le banc de Mme Aubain, s'asseyait, et promenait ses yeux autour d'elle.

2 **exploiter:** ausbeuten, ausnutzen.
agacer: erregen, reizen, ärgern.
3 **la familiarité:** Vertraulichkeit, vertrauliche Umgangsart.
4 **tutoyer:** duzen.
9 **bravement** (adv.): tapfer, mutig, wacker.
11 **se résigner à qc:** sich mit etwas abfinden, sich in etwas fügen.
un éloignement: Trennung, Abwesenheit.
14 **distraire:** ablenken, zerstreuen.
15 **le catéchisme:** Katechismus(unterricht).
17 **faire une génuflexion:** niederknien (*la génuflexion:* Kniefall).
18 **la nef:** (Kirchen-)Schiff.
20 **promener ses yeux:** seinen Blick schweifen lassen.

Les garçons à droite, les filles à gauche, emplissaient les stalles du chœur; le curé se tenait debout près du lutrin; sur un vitrail de l'abside, le Saint-Esprit dominait la Vierge; un autre la montrait à genoux devant l'Enfant-Jésus, et, derrière le tabernacle, un groupe en bois représentait saint Michel terrassant le dragon.
Le prêtre fit d'abord un abrégé de l'Histoire sainte. Elle croyait voir le paradis, le déluge, la tour de Babel, des villes tout en flammes, des peuples qui mouraient, des idoles renversées; et elle garda de cet éblouissement le respect du Très-Haut et la crainte de sa colère. Puis, elle pleura en écoutant la Passion. Pourquoi l'avaient-ils crucifié, lui qui chérissait les enfants, nourrissait les foules, guérissait les aveugles, et avait voulu, par douceur, naî-

1 **emplir:** füllen.
2 **les stalles** *f.*: (Chor-)Gestühl.
2f. **le lutrin:** Chorpult.
3 **le vitrail:** (Kirchen-)Fenster.
une abside: Apsis (halbrunder oder vieleckiger Abschluß des Kirchenschiffs).
le Saint-Esprit: Heiliger Geist.
4 **la Vierge:** Jungfrau Maria, Madonna.
5 **le tabernacle:** Tabernakel, Behälter zum Aufbewahren des Allerheiligsten.
6 **terrasser qn:** jdn. niederstrecken, bezwingen.
le dragon: Drache(n).
7 **un abrégé:** Kurzfassung, Abriß.
l'Histoire sainte: Biblische Geschichte.
8 **le déluge:** Sintflut.
10 **une idole:** Götzenbild.
un éblouissement: Blenden; hier: verzücktes Staunen.
11 **le Très-Haut:** der Allerhöchste.
12 **la Passion:** Leiden (und Sterben) Christi, Leidensgeschichte Christi.
12f. **crucifier:** kreuzigen.
13 **chérir qn:** jdn. (innig) lieben, in sein Herz schließen.

tre au milieu des pauvres, sur le fumier d'une étable? Les semailles, les moissons, les pressoirs, toutes ces choses familières dont parle l'Évangile, se trouvaient dans sa vie; le passage de Dieu les avait sanctifiées; et elle aima plus tendrement les agneaux par amour de l'Agneau, les colombes à cause du Saint-Esprit.

Elle avait peine à imaginer sa personne; car il n'était pas seulement oiseau, mais encore un feu, et d'autres fois un souffle. C'est peut-être sa lumière qui voltige la nuit aux bords des marécages, son haleine qui pousse les nuées, sa voix qui rend les cloches harmonieuses; et elle demeurait dans une adoration, jouissant de la fraîcheur des murs et de la tranquillité de l'église.

Quant aux dogmes, elle n'y comprenait rien, ne tâcha même pas de comprendre. Le curé discourait, les enfants récitaient, elle finissait par s'endormir; et se réveillait tout à coup, quand ils faisaient en s'en allant claquer leurs sabots sur les dalles.

1 **le fumier:** (Stall-)Mist.
2 **les semailles** *f.:* (Aus-)Saat.
le pressoir: Kelter.
4 **sanctifier:** heiligen.
5 **l'Agneau:** *l'Agneau de Dieu:* Lamm Gottes (Bezeichnung Christi).
6 **la colombe:** Taube.
9 **voltiger:** hin und her fliegen; tanzen, schweben.
10 **le marécage:** Sumpf, Morast, Moor.
une haleine: Atem.
la nuée: Wolke.
11 **rendre qc harmonieux, se:** einer Sache Wohlklang verleihen.
12 **une adoration:** Anbetung, Verehrung.
14 **le dogme:** Dogma, Lehre, Glaubenssatz.
15 **discourir:** (lang und breit) reden.
16 **réciter:** aufsagen, hersagen.
17 **claquer:** klappern.
18 **la dalle:** Steinplatte, Fliese.

Ce fut de cette manière, à force de l'entendre, qu'elle apprit le catéchisme, son éducation religieuse ayant été négligée dans sa jeunesse; et dès lors elle imita toutes les pratiques de Virginie, jeûnait comme elle, se confessait avec elle. À la Fête-Dieu, elles firent ensemble un reposoir.

La première communion la tourmentait d'avance. Elle s'agita pour les souliers, pour le chapelet, pour le livre, pour les gants. Avec quel tremblement elle aida sa mère à l'habiller!

Pendant toute la messe, elle éprouva une angoisse. M. Bourais lui cachait un côté du chœur; mais juste en face, le troupeau des vierges portant des couronnes blanches par-dessus leurs voiles abaissés formait comme un champ de neige; et elle reconnaissait de loin la chère petite à son cou plus mignon et son attitude recueillie. La cloche tinta. Les têtes se courbèrent; il y eut un silence. Aux éclats de l'orgue, les chantres et la foule entonnèrent

4 **les pratiques** *f.*: fromme, geistliche Übungen.
jeûner: fasten.
se confesser: zur Beichte gehen, beichten.
5 **la Fête-Dieu:** Fronleichnam(sfest).
5 f. **le reposoir:** Ruhealtar (bei Prozessionen).
7 **tourmenter:** quälen, ängstigen; Kopfzerbrechen bereiten.
8 **le chapelet:** Rosenkranz.
le livre: hier: Gesangbuch.
13 **le troupeau:** Herde; hier: Schar.
14 **le voile:** Schleier.
16 **mignon, ne:** niedlich, allerliebst; hier: zierlich.
recueilli, e: (innerlich) gesammelt, andächtig.
17 **tinter:** schlagen, läuten, ertönen.
18 **un orgue:** Orgel.
le chantre: Kantor, Sänger.
entonner: anstimmen.

l'*Agnus Dei*; puis le défilé des garçons commença; et, après eux, les filles se levèrent. Pas à pas, et les mains jointes, elles allaient vers l'autel tout illuminé, s'agenouillaient sur la première marche, recevaient l'hostie successivement, et dans le même ordre revenaient à leurs prie-Dieu. Quand ce fut le tour de Virginie, Félicité se pencha pour la voir; et, avec l'imagination que donnent les vraies tendresses, il lui sembla qu'elle était elle-même cette enfant; sa figure devenait la sienne, sa robe l'habillait, son cœur lui battait dans la poitrine; au moment d'ouvrir la bouche, en fermant les paupières, elle manqua s'évanouir.

Le lendemain, de bonne heure, elle se présenta dans la sacristie, pour que M. le curé lui donnât la communion. Elle la reçut dévotement, mais n'y goûta pas les mêmes délices.

Mme Aubain voulait faire de sa fille une personne accomplie; et, comme Guyot ne pouvait lui montrer ni

1 **Agnus Dei** (lat.): Anfangsworte (»Lamm Gottes«) eines liturgischen Gesangs.
le défilé: Aufmarsch, Zug.
2 **pas à pas:** Schritt für Schritt, bedächtig.
2f. **les mains jointes:** mit gefalteten Händen.
3 **un autel:** Altar.
illuminé, e: (festlich) beleuchtet.
3f. **s'agenouiller:** niederknien.
5 **successivement** (adv.): nacheinander.
6 **un prie-Dieu** (inv.): Betstuhl.
11 **la paupière:** (Augen-)Lid.
11f. **manquer faire qc:** beinahe etwas tun.
12 **s'évanouir:** ohnmächtig werden.
15 **dévotement** (adv.): fromm, andächtig.
16 **le délice:** Wonne, Freude.
18 **accompli, e:** vollkommen, vollendet.

l'anglais ni la musique, elle résolut de la mettre en pension chez les Ursulines d'Honfleur.

L'enfant n'objecta rien. Félicité soupirait, trouvant Madame insensible. Puis elle songea que sa maîtresse, peut-être, avait raison. Ces choses dépassaient sa compétence.

Enfin, un jour, une vieille tapissière s'arrêta devant la porte; et il en descendit une religieuse qui venait chercher Mademoiselle. Félicité monta les bagages sur l'impériale, fit des recommandations au cocher, et plaça dans le coffre six pots de confiture et une douzaine de poires, avec un bouquet de violettes.

Virginie, au dernier moment, fut prise d'un grand sanglot; elle embrassait sa mère qui la baisait au front en répétant: «Allons! du courage! du courage!» Le marchepied se releva, la voiture partit.

Alors Mme Aubain eut une défaillance; et le soir tous ses amis, le ménage Lormeau, Mme Lechaptois, ces demoi-

2 **les Ursulines** *f.*: Ursulinen (Schwesternorden der heiligen Ursula).
Honfleur: normannische Hafenstadt an der Seinemündung gegenüber von Le Havre.
3 **objecter qc:** etwas einwenden, dagegenhaben.
soupirer: seufzen.
4 **insensible:** gefühllos, hartherzig.
5 **dépasser qc:** etwas übersteigen, über etwas hinausgehen.
5f. **la compétence:** Zuständigkeit; Urteilsvermögen.
7 **la tapissière:** Wagen, Kutsche.
8 **la religieuse:** Nonne, Ordensschwester.
9f. **une impériale:** Verdeck (mit Sitzplätzen).
10 **faire des recommandations à qn:** jdm. Anweisungen erteilen.
le cocher: Kutscher.
11 **le coffre:** Kofferraum, Gepäckkasten.
13f. **le sanglot:** Schluchzen, Schluchzer.
15f. **le marchepied:** Trittbrett.
17 **la défaillance:** Ohnmacht, Schwäche(anfall).

selles Rochefeuille, M. de Houppeville et Bourais se présentèrent pour la consoler.

La privation de sa fille lui fut d'abord très douloureuse. Mais trois fois la semaine elle en recevait une lettre, les autres jours lui écrivait, se promenait dans son jardin, lisait un peu et de cette façon comblait le vide des heures.

Le matin, par habitude, Félicité entrait dans la chambre de Virginie, et regardait les murailles. Elle s'ennuyait de n'avoir plus à peigner ses cheveux, à lui lacer ses bottines, à la border dans son lit, – et de ne plus voir continuellement sa gentille figure, de ne plus la tenir par la main quand elles sortaient ensemble. Dans son désœuvrement, elle essaya de faire de la dentelle. Ses doigts trop lourds cassaient les fils; elle n'entendait à rien, avait perdu le sommeil, suivant son mot, était «minée».

Pour «se dissiper», elle demanda la permission de recevoir son neveu Victor.

Il arrivait le dimanche après la messe, les joues roses, la poitrine nue, et sentant l'odeur de la campagne qu'il avait traversée. Tout de suite, elle dressait son couvert. Ils déjeunaient l'un en face de l'autre; et, mangeant elle-même le moins possible pour épargner la dépense, elle le bourrait tellement de nourriture qu'il finissait par s'en-

3 **la privation:** Trennung, Verlust.
6 **combler:** (aus)füllen.
10 **lacer:** schnüren.
10f. **la bottine:** Stiefel(chen).
11 **border qn dans son lit:** jdn. in seinem Bett zudecken.
13f. **le désœuvrement:** Untätigkeit; Mußezeit.
14 **faire de la dentelle:** (Spitzen) klöppeln.
16 **miné, e:** aufgerieben, zermürbt, kaputt.
17 **se dissiper:** sich zerstreuen, Zerstreuung suchen.
24 **bourrer:** vollpfropfen, -stopfen.

dormir. Au premier coup des vêpres, elle le réveillait, brossait son pantalon, nouait sa cravate, et se rendait à l'église, appuyée sur son bras dans un orgueil maternel.

Ses parents le chargeaient toujours d'en tirer quelque chose, soit un paquet de cassonade, du savon, de l'eau-de-vie, parfois même de l'argent. Il apportait ses nippes à raccommoder; et elle acceptait cette besogne, heureuse d'une occasion qui le forçait à revenir.

Au mois d'août, son père l'emmena au cabotage.

C'était l'époque des vacances. L'arrivée des enfants la consola. Mais Paul devenait capricieux, et Virginie n'avait plus l'âge d'être tutoyée, ce qui mettait une gêne, une barrière entre elles.

Victor alla successivement à Morlaix, à Dunkerque et à Brighton; au retour de chaque voyage, il lui offrait un cadeau. La première fois, ce fut une boîte en coquilles; la seconde, une tasse à café; la troisième, un grand bonhomme en pain d'épices. Il embellissait, avait la taille bien prise, un peu de moustache, de bons yeux francs, et un petit chapeau de cuir, placé en arrière comme un

1 **les vêpres** *f.*: Vesper(gottesdienst).
2 **nouer:** binden, knoten.
5 **en tirer qc de qn:** etwas aus jdm. herausholen, jdm. etwas abknöpfen.
6 **la cassonade:** Rohzucker.
7 **les nippes** *f.* (fam.): alte Sachen, Klamotten.
8 **raccommoder:** ausbessern, flicken.
10 **le cabotage:** Küstenschiffahrt.
12 **capricieux, se:** launisch, launenhaft.
13 **la gêne:** Gezwungenheit, Befangenheit.
19 **le pain d'épice:** Pfefferkuchen, Lebkuchen (*une épice:* Gewürz).
embellir: schön(er), hübsch(er) werden.
19 f. **avoir la taille bien prise:** gut gewachsen sein, von stattlichem Wuchs sein.

pilote. Il l'amusait en lui racontant des histoires mêlées de termes marins.

Un lundi, 14 juillet 1819 (elle n'oublia pas la date), Victor annonça qu'il était engagé au long cours, et, dans la nuit du surlendemain, par le paquebot de Honfleur, irait rejoindre sa goélette, qui devait démarrer du Havre prochainement. Il serait, peut-être, deux ans parti.

La perspective d'une telle absence désola Félicité; et pour lui dire encore adieu, le mercredi soir, après le dîner de Madame, elle chaussa des galoches, et avala les quatre lieues qui séparent Pont-l'Évêque de Honfleur.

Quand elle fut devant le Calvaire, au lieu de prendre à gauche, elle prit à droite, se perdit dans des chantiers, revint sur ses pas; des gens qu'elle accosta l'engagèrent à se hâter. Elle fit le tour du bassin rempli de navires, se heurtait contre des amarres; puis le terrain s'abaissa, des

4 **engager qn au long cours:** jdn. für große Fahrt anheuern.
5 **le paquebot:** Passagierschiff, Dampfer.
6 **la goélette:** Schoner (Segelschiff).
démarrer: auslaufen, in See stechen.
6f. **prochainement** (adv.): demnächst, bald.
8 **la perspective:** Aussicht, Gedanke.
désoler: zur Verzweiflung bringen, tief betrüben.
10 **chausser qc:** etwas anziehen (Schuhe, Strümpfe).
la galoche: Holzpantine; (Über-)Schuh.
avaler: hinunterschlingen; hier: in aller Eile zurücklegen.
11 **la lieue:** Meile (etwa 4 km).
12 **le Calvaire:** Kalvarienberg (Andachtsstätte, Kreuz mit figürlicher Darstellung der Kreuzigungsgruppe).
12f. **prendre à gauche:** nach links gehen, sich nach links wenden.
13 **le chantier:** Baustelle, Lager(platz, -schuppen).
14 **revenir sur ses pas:** (wieder)umkehren.
accoster qn: jdn. ansprechen.
15 **se hâter:** sich beeilen.
16 **une amarre:** (Halte-)Tau, Leine.
s'abaisser: sich senken, abfallen.

lumières s'entrecroisèrent, et elle se crut folle, en apercevant des chevaux dans le ciel.

Au bord du quai, d'autres hennissaient, effrayés par la mer. Un palan qui les enlevait les descendait dans un bateau, où des voyageurs se bousculaient entre les barriques de cidre, les paniers de fromage, les sacs de grain; on entendait chanter des poules, le capitaine jurait; et un mousse restait accoudé sur le bossoir, indifférent à tout cela. Félicité, qui ne l'avait pas reconnu, criait: «Victor!» Il leva la tête; elle s'élançait, quand on retira l'échelle tout à coup.

Le paquebot, que des femmes halaient en chantant, sortit du port. Sa membrure craquait, les vagues pesantes fouettaient sa proue. La voile avait tourné, on ne vit plus personne; – et, sur la mer argentée par la lune, il faisait une tache noire qui pâlissait toujours, s'enfonça, disparut.

Félicité, en passant près du Calvaire, voulut recommander à Dieu ce qu'elle chérissait le plus; et elle pria pen-

1 **s'entrecroiser:** sich kreuzen; hier: von allen Seiten blinken.
3 **hennir:** wiehern.
4 **le palan:** Zugwinde, Flaschenzug.
5 **se bousculer:** sich drängen.
5f. **la barrique:** Tonne, Faß (200–250 l).
6 **le grain:** (Samen-)Korn, Getreide.
8 **s'accouder sur qc:** sich mit dem Ellbogen auf etwas stützen, lehnen.
le bossoir: Ankerbalken.
12 **haler:** treideln, schleppen.
13 **la membrure:** Gerippe, Gerüst; Spanten.
craquer: krachen, knarren.
pesant, e: drückend, schwer.
14 **fouetter qc:** gegen etwas peitschen, klatschen.
la proue: Bug.
la voile: Segel.
15 **argenté, e:** versilbert; silbern glänzend.

dant longtemps, debout, la face baignée de pleurs, les yeux vers les nuages. La ville dormait, des douaniers se promenaient; et de l'eau tombait sans discontinuer par les trous de l'écluse, avec un bruit de torrent. Deux heures sonnèrent.

Le parloir n'ouvrirait pas avant le jour. Un retard, bien sûr, contrarierait Madame; et, malgré son désir d'embrasser l'autre enfant, elle s'en retourna. Les filles de l'auberge s'éveillaient, comme elle entrait dans Pont-l'Évêque.

Le pauvre gamin durant des mois allait donc rouler sur les flots! Ses précédents voyages ne l'avaient pas effrayée. De l'Angleterre et de la Bretagne, on revenait; mais l'Amérique, les Colonies, les Îles, cela était perdu dans une région incertaine, à l'autre bout du monde.

Dès lors, Félicité pensa exclusivement à son neveu. Les jours de soleil, elle se tourmentait de la soif; quand il faisait de l'orage, craignait pour lui la foudre. En écoutant le vent qui grondait dans la cheminée et emportait les ardoises, elle le voyait battu par cette même tempête, au sommet d'un mât fracassé, tout le corps en arrière,

3 **sans discontinuer:** ununterbrochen, unablässig.
4 **une écluse:** Schleuse.
le torrent: Wild-, Sturzbach.
6 **le parloir:** Sprechzimmer.
7 **contrarier qn:** jdn. erzürnen, verärgern.
9 **s'éveiller:** wach werden, aufwachen, sich regen.
11 **le gamin:** Junge, Kerl.
14 **les Îles:** die Antillen, mittelamerikanische Inselgruppe.
15 **incertain, e:** unbestimmt; unsicher.
16 **dès lors:** von nun an, von der Zeit an.
17 **elle se tourmentait de la soif:** es quälte sie der Gedanke, er könne Durst haben.
21 **le sommet:** Gipfel, Spitze.
fracassé, e: geborsten, zersplittert.

sous une nappe d'écume; ou bien, – souvenirs de la géographie en estampes, – il était mangé par les sauvages, pris dans un bois par des singes, se mourait le long d'une plage déserte. Et jamais elle ne parlait de ses inquiétudes.

Mme Aubain en avait d'autres sur sa fille.

Les bonnes sœurs trouvaient qu'elle était affectueuse, mais délicate. La moindre émotion l'énervait. Il fallut abandonner le piano.

Sa mère exigeait du couvent une correspondance réglée. Un matin que le facteur n'était pas venu, elle s'impatienta; et elle marchait dans la salle, de son fauteuil à la fenêtre. C'était vraiment extraordinaire! depuis quatre jours, pas de nouvelles!

Pour qu'elle se consolât par son exemple, Félicité lui dit:

– Moi, Madame, voilà six mois que je n'en ai reçu! ...

– De qui donc?

La servante répliqua doucement:

– Mais ... de mon neveu!

– Ah! votre neveu!

Et, haussant les épaules, Mme Aubain reprit sa promenade, ce qui voulait dire: «Je n'y pensais pas! ... Au

1 **la nappe d'écume** (*f.*): Gischtflut, -regen (*la nappe:* Tischtuch; hier: Schicht).

7 **affectueux, se:** liebevoll, zärtlich, anhänglich.

8 **énerver:** erregen, aufregen, schwächen.

10 **le couvent:** Kloster(schule).
réglé, e: geregelt, regelmäßig.

11 f. **s'impatienter:** die Geduld verlieren, unruhig werden, in Verzweiflung geraten.

19 **répliquer:** erwidern, entgegnen.

22 **hausser les épaules:** die Achseln zucken.

23 f. **au surplus:** übrigens, außerdem.

surplus, je m'en moque! un mousse, un gueux, belle affaire! ... tandis que ma fille ... Songez donc! ...»

Félicité, bien que nourrie dans la rudesse, fut indignée contre Madame, puis oublia.

Il lui paraissait tout simple de perdre la tête à l'occasion de la petite.

Les deux enfants avaient une importance égale; un lien de son cœur les unissait, et leur destinée devait être la même.

Le pharmacien lui apprit que le bateau de Victor était arrivé à La Havane. Il avait lu ce renseignement dans une gazette.

À cause des cigares, elle imaginait La Havane un pays où l'on ne fait pas autre chose que de fumer, et Victor circulait parmi les nègres dans un nuage de tabac. Pouvait-on «en cas de besoin» s'en retourner par terre? À quelle distance était-ce de Pont-l'Évêque? Pour le savoir, elle interrogea M. Bourais.

Il atteignit son atlas, puis commença des explications sur les longitudes; et il avait un beau sourire de cuistre

1 **le gueux:** Strolch, Habenichts.
3 **nourri, e dans la rudesse:** mit Grobheiten großgeworden, an Grobheit gewöhnt.
indigné, e: entrüstet, empört, aufgebracht.
7 **le lien:** Band.
11 **La Havane:** Havanna, Hauptstadt von Kuba.
le renseignement: Meldung, Nachricht.
12 **la gazette:** Zeitung.
14 f. **circuler:** umhergehen, sich bewegen.
15 **le nègre:** Neger.
16 **en cas de besoin:** im Notfall.
par terre: hier: auf dem Landweg.
19 **atteindre qc:** hier: nach etwas greifen, etwas holen.
20 **la longitude:** Länge(ngrad).
le cuistre: Schulmeister.

devant l'ahurissement de Félicité. Enfin, avec son porte-crayon, il indiqua dans les découpures d'une tache ovale un point noir, imperceptible, en ajoutant: «Voici.» Elle se pencha sur la carte; ce réseau de lignes coloriées fatiguait sa vue, sans lui rien apprendre; et, Bourais l'invitant à dire ce qui l'embarrassait, elle le pria de lui montrer la maison où demeurait Victor. Bourais leva les bras, il éternua, rit énormément; une candeur pareille excitait sa joie; et Félicité n'en comprenait pas le motif, elle qui s'attendait peut-être à voir jusqu'au portrait de son neveu, tant son intelligence était bornée!

Ce fut quinze jours après que Liébard, à l'heure du marché comme d'habitude, entra dans la cuisine, et lui remit une lettre qu'envoyait son beau-frère. Ne sachant lire aucun des deux, elle eut recours à sa maîtresse.

Mme Aubain, qui comptait les mailles d'un tricot, le posa près d'elle, décacheta la lettre, tressaillit, et, d'une voix basse, avec un regard profond:

– C'est un malheur ... qu'on vous annonce. Votre neveu ...

Il était mort. On n'en disait pas davantage.

1 **un ahurissement:** Bestürzung.
1f. **le porte-crayon:** Bleistifthalter.
2 **la découpure:** Ein-, Ausschnitt; hier: Rand, Umriß.
3 **imperceptible:** kaum wahrnehmbar, verschwindend klein.
4 **le réseau:** Netz, Geflecht.
colorier: kolorieren, farbig zeichnen.
8 **éternuer:** niesen; hier: (los)prusten.
la candeur: Treuherzigkeit, Einfalt.
11 **borné, e:** begrenzt, beschränkt.
15 **avoir recours à qn:** sich (hilfesuchend) an jdn. wenden.
16 **la maille:** Masche.
le tricot: Strickzeug, Strickarbeit.
17 **décacheter:** entsiegeln, öffnen, aufreißen.
tressaillir: zusammenfahren, -zucken.

Félicité tomba sur une chaise, en s'appuyant la tête à la cloison, et ferma ses paupières, qui devinrent roses tout à coup. Puis, le front baissé, les mains pendantes, l'œil fixe, elle répétait par intervalles:

– Pauvre petit gars! pauvre petit gars!

Liébard la considérait en exhalant des soupirs. Mme Aubain tremblait un peu.

Elle lui proposa d'aller voir sa sœur, à Trouville.

Félicité répondit, par un geste, qu'elle n'en avait pas besoin.

Il y eut un silence. Le bonhomme Liébard jugea convenable de se retirer.

Alors elle dit:

– Ça ne leur fait rien, à eux!

Sa tête retomba; et machinalement elle soulevait, de temps à autre, les longues aiguilles sur la table à ouvrage.

Des femmes passèrent dans la cour avec un bard d'où dégouttelait du linge.

En les apercevant par les carreaux, elle se rappela sa lessive; l'ayant coulée la veille, il fallait aujourd'hui la rincer; et elle sortit de l'appartement.

2 **la cloison:** Wand.
6 **exhaler des soupirs** (*m.*): Seufzer ausstoßen, seufzen.
11 **le bonhomme:** braver, wackerer Kerl.
11 f. **convenable:** angebracht, angemessen, schicklich.
15 **machinalement** (adv.): mechanisch, unwillkürlich.
15 f. **de temps à autre:** von Zeit zu Zeit, dann und wann.
16 f. **la table à ouvrage:** Nähtisch.
18 **le bard:** Trage.
19 **dégoutteler:** (herab)tröpfeln, tropfen, triefen (Neubildung zu *dégoutter*).
21 **la lessive:** (große) Wäsche.
couler qc: etwas einweichen.
22 **rincer:** (aus)spülen.

Sa planche et son tonneau étaient au bord de la Toucques. Elle jeta sur la berge un tas de chemises, retroussa ses manches, prit son battoir; et les coups forts qu'elle donnait s'entendaient dans les autres jardins à côté. Les prairies étaient vides, le vent agitait la rivière; au fond, de grandes herbes s'y penchaient, comme des chevelures de cadavres flottant dans l'eau. Elle retenait sa douleur, jusqu'au soir fut très brave; mais, dans sa chambre, elle s'y abandonna, à plat ventre sur son matelas, le visage dans l'oreiller, et les deux poings contre les tempes.

Beaucoup plus tard, par le capitaine de Victor lui-même, elle connut les circonstances de sa fin. On l'avait trop saigné à l'hôpital, pour la fièvre jaune. Quatre médecins le tenaient à la fois. Il était mort immédiatement, et le chef avait dit:

– Bon! encore un!

Ses parents l'avaient toujours traité avec barbarie. Elle aima mieux ne pas les revoir; et ils ne firent aucune avance, par oubli, ou endurcissement de misérables.

Virginie s'affaiblissait.

1 **la planche:** Planke, Brett; hier: Waschbrett.
le tonneau: Faß, Tonne; hier: Waschtrog.
2 **la berge:** Böschung, (Fluß-)Ufer.
retrousser: hochkrempeln.
3 **le battoir:** Waschbleuel (Schlegel zum Wäscheklopfen).
6 **la chevelure:** Haar.
9 **s'abandonner à qc:** sich einer Sache hingeben, überlassen.
10 **la tempe:** Schläfe.
13 **saigner qn:** jdn. zur Ader lassen.
la fièvre jaune: Gelbfieber.
17 **une barbarie:** Roheit, Grausamkeit, Unmenschlichkeit.
18f. **faire des avances:** Annäherungsversuche machen, sich rühren.
19 **un oubli:** Vergessen; Unachtsamkeit, Vergeßlichkeit.
un endurcissement: Verhärtung, Hartherzigkeit.
20 **s'affaiblir:** schwächer werden.

Des oppressions, de la toux, une fièvre continuelle et des marbrures aux pommettes décelaient quelque affection profonde. M. Poupart avait conseillé un séjour en Provence. Mme Aubain s'y décida, et eût tout de suite repris sa fille à la maison, sans le climat de Pont-l'Évêque.

Elle fit un arrangement avec un loueur de voitures, qui la menait au couvent chaque mardi. Il y a dans le jardin une terrasse d'où l'on découvre la Seine. Virginie s'y promenait à son bras, sur les feuilles de pampre tombées. Quelquefois le soleil traversant les nuages la forçait à cligner ses paupières, pendant qu'elle regardait les voiles au loin et tout l'horizon, depuis le château de Tancarville jusqu'aux phares du Havre. Ensuite on se reposait sous la tonnelle. Sa mère s'était procuré un petit fût d'excellent vin de Malaga; et, riant à l'idée d'être grise, elle en buvait deux doigts, pas davantage.

Ses forces reparurent. L'automne s'écoula doucement. Félicité rassurait Mme Aubain. Mais, un soir qu'elle avait été aux environs faire une course, elle rencontra devant la porte le cabriolet de M. Poupart; et il était dans le vestibule. Mme Aubain nouait son chapeau.

1 **une oppression:** Unterdrückung, Bedrückung; hier: Beklemmung.
la toux: Husten.
2 **la marbrure:** Marmorierung, leichte Flecke.
la pommette: Backenknochen; hier: Wange.
déceler: enthüllen, verraten.
une affection: Krankheit, Leiden.
6 **faire un arrangement:** ein Abkommen, eine Vereinbarung treffen.
9 **le pampre:** Wein(ranke), Rebe.
10f. **cligner les paupières:** blinzeln, mit den Augen zwinkern.
14 **la tonnelle:** (Garten-)Laube, Gartenhäuschen.
le fût: Faß.
15 **gris, e:** hier: angeheitert, beschwipst.
17 **s'écouler:** verrinnen, verstreichen.
20 **le cabriolet:** Kabriolett ([leichter zweirädriger] Einspänner).

– Donnez-moi ma chaufferette, ma bourse, mes gants; plus vite donc!

Virginie avait une fluxion de poitrine; c'était peut-être désespéré.

– Pas encore! dit le médecin; et tous deux montèrent dans la voiture, sous des flocons de neige qui tourbillonnaient. La nuit allait venir. Il faisait très froid.

Félicité se précipita dans l'église, pour allumer un cierge. Puis elle courut après le cabriolet, qu'elle rejoignit une heure plus tard, sauta légèrement par derrière, où elle se tenait aux torsades, quand une réflexion lui vint: «La cour n'était pas fermée! si des voleurs s'introduisaient?» Et elle descendit.

Le lendemain, dès l'aube, elle se présenta chez le docteur. Il était rentré, et reparti à la campagne. Puis elle resta dans l'auberge, croyant que des inconnus apporteraient une lettre. Enfin, au petit jour, elle prit la diligence de Lisieux.

Le couvent se trouvait au fond d'une ruelle escarpée. Vers le milieu, elle entendit des sons étranges, un glas de mort. «C'est pour d'autres», pensa-t-elle; et Félicité tira violemment le marteau.

3 **la fluxion de poitrine:** Lungenentzündung.
4 **désespéré, e:** hoffnungslos, ohne Hoffnung.
6 **tourbillonner:** (durcheinander)wirbeln.
8 **le cierge:** (Wachs-)Kerze.
11 **la torsade:** (gedrehte) Franse, Kordel.
17 **au petit jour:** im Morgengrauen.
17f. **la diligence:** Postkutsche.
18 **Lisieux:** Stadt in der Normandie, südlich von Le Havre.
19 **escarpé, e:** abschüssig, steil.
20f. **le glas de mort:** Totenglocke, -geläut.
22 **violemment** (adv.): ungestüm, heftig.

Au bout de plusieurs minutes, des savates se traînèrent, la porte s'entrebâilla, et une religieuse parut.

La bonne sœur avec un air de componction dit qu'«elle venait de passer». En même temps, le glas de Saint-Léonard redoublait.

Félicité parvint au second étage.

Dès le seuil de la chambre, elle aperçut Virginie étalée sur le dos, les mains jointes, la bouche ouverte, et la tête en arrière sous une croix noire s'inclinant vers elle, entre les rideaux immobiles, moins pâles que sa figure. Mme Aubain, au pied de la couche qu'elle tenait dans ses bras, poussait des hoquets d'agonie. La supérieure était debout, à droite. Trois chandeliers sur la commode faisaient des taches rouges, et le brouillard blanchissait les fenêtres. Des religieuses emportèrent Mme Aubain.

Pendant deux nuits, Félicité ne quitta pas la morte. Elle répétait les mêmes prières, jetait de l'eau bénite sur les draps, revenait s'asseoir, et la contemplait. À la fin de la première veille, elle remarqua que la figure avait jauni, les lèvres bleuirent, le nez se pinçait, les yeux s'enfonçaient. Elle les baisa plusieurs fois, et n'eût pas éprouvé

1 **des savates se traînèrent:** es wurden schlurfende Schritte hörbar (*la savate:* ausgetretener Schuh, Schlappen).
2 **s'entrebâiller:** einen Spalt weit aufgehen, sich ein wenig öffnen.
3 **la componction:** Betroffenheit, tiefer Ernst.
4 **passer:** hier: (ver)sterben, dahinscheiden.
11 **la couche:** Lager, Bett.
12 **les hoquets d'agonie:** röchelndes Schluchzen (*le hoquet:* Schluckauf).
la supérieure: Oberin.
13 **le chandelier:** (Kerzen-)Leuchter.
17 **une eau bénite:** Weihwasser (*bénit, e:* geweiht).
18 **contempler qn:** jdn. betrachten, anschauen.
20 **bleuir:** blau werden, sich bläulich verfärben.
le nez se pinçait: die Nase wurde spitz(er).

un immense étonnement si Virginie les eût rouverts; pour de pareilles âmes le surnaturel est tout simple. Elle fit sa toilette, l'enveloppa de son linceul, la descendit dans sa bière, lui posa une couronne, étala ses cheveux. Ils étaient blonds, et extraordinaires de longueur à son âge. Félicité en coupa une grosse mèche, dont elle glissa la moitié dans sa poitrine, résolue à ne jamais s'en dessaisir.

Le corps fut ramené à Pont-l'Évêque, suivant les intentions de Mme Aubain, qui suivait le corbillard, dans une voiture fermée.

Après la messe, il fallut encore trois quarts d'heure pour atteindre le cimetière. Paul marchait en tête et sanglotait. M. Bourais était derrière, ensuite les principaux habitants, les femmes, couvertes de mantes noires, et Félicité. Elle songeait à son neveu, et n'ayant pu lui rendre ces honneurs, avait un surcroît de tristesse, comme si on l'eût enterré avec l'autre.

Le désespoir de Mme Aubain fut illimité.

1 **rouvrir:** wieder öffnen, aufschlagen.
2 **le surnaturel:** das Übernatürliche.
3 **le linceul:** Leichentuch.
4 **la bière:** Sarg.
6 **la mèche:** Strähne, Locke.
glisser qc: etwas stecken, schieben, gleiten lassen.
7f. **se dessaisir de qc:** etwas aus den Händen geben, sich von etwas trennen.
10 **le corbillard:** Leichenwagen.
13f. **sangloter:** schluchzen.
14f. **les principaux habitants:** die angesehensten Einwohner.
15 **la mante:** (weiter) Umhang, Mantel.
16f. **rendre les honneurs à qn:** hier: jdm. die letzte Ehre erweisen.
17 **le surcroît de tristesse:** zusätzliche Trauer (*le surcroît:* Vermehrung, Zuwachs).
19 **illimité, e:** grenzenlos.

D'abord elle se révolta contre Dieu, le trouvant injuste de lui avoir pris sa fille – elle qui n'avait jamais fait de mal, et dont la conscience était si pure! Mais non! elle aurait dû l'emporter dans le Midi. D'autres docteurs l'auraient sauvée! Elle s'accusait, voulait la rejoindre, criait en détresse au milieu de ses rêves. Un, surtout, l'obsédait. Son mari, costumé comme un matelot, revenait d'un long voyage, et lui disait en pleurant qu'il avait reçu l'ordre d'emmener Virginie. Alors ils se concertaient pour découvrir une cachette quelque part.

Une fois, elle rentra du jardin, bouleversée. Tout à l'heure (elle montrait l'endroit) le père et la fille lui étaient apparus l'un auprès de l'autre, et ils ne faisaient rien; ils la regardaient.

Pendant plusieurs mois, elle resta dans sa chambre, inerte. Félicité la sermonnait doucement; il fallait se conserver pour son fils, et pour l'autre, en souvenir «d'elle».

«Elle?» reprenait Mme Aubain, comme se réveillant. «Ah! oui! . . . oui! . . . Vous ne l'oubliez pas!» Allusion au cimetière, qu'on lui avait scrupuleusement défendu.

Félicité tous les jours s'y rendait.

À quatre heures précises, elle passait au bord des mai-

1 **se révolter contre qn:** sich gegen jdn. auflehnen, mit jdm. hadern.
6 **la détresse:** Verzweiflung, Bedrängnis, (äußerste) Not.
6f. **obséder qn:** jdn. verfolgen, quälen, bedrängen.
9 **se concerter:** sich verabreden, miteinander beraten.
10 **la cachette:** Versteck.
11 **bouleversé, e:** verstört, erschüttert, bis ins Innerste aufgewühlt.
16 **inerte:** regungslos, untätig, teilnahmslos.
sermonner qn: jdm. Vorhaltungen machen, ins Gewissen reden.
20 **une allusion:** Andeutung, Anspielung.
21 **scrupuleusement** (adv.): hier: vorsichtigerweise; streng.

sons, montait la côte, ouvrait la barrière, et arrivait devant la tombe de Virginie. C'était une petite colonne de marbre rose, avec une dalle dans le bas, et des chaînes autour enfermant un jardinet. Les plates-bandes disparaissaient sous une couverture de fleurs. Elle arrosait leurs feuilles, renouvelait le sable, se mettait à genoux pour mieux labourer la terre. Mme Aubain, quand elle put y venir, en éprouva un soulagement, une espèce de consolation.

Puis des années s'écoulèrent, toutes pareilles et sans autres épisodes que le retour des grandes fêtes: Pâques, l'Assomption, la Toussaint. Des événements intérieurs faisaient une date, où l'on se reportait plus tard. Ainsi, en 1825, deux vitriers badigeonnèrent le vestibule; en 1827, une portion du toit, tombant dans la cour, faillit tuer un homme. L'été de 1828, ce fut à Madame d'offrir le pain bénit; Bourais, vers cette époque, s'absenta mys-

1 **la barrière:** hier: Gitter, Tor.
2 **la tombe:** Grab(stätte).
la colonne: Säule.
3 **la dalle:** (Grab-)Platte.
le bas: unterer Teil, Fuß.
4 **le jardinet:** Gärtchen.
la plate-bande: Einfassung, Randstreifen.
7 **labourer:** bearbeiten; hier: auflockern.
8 **le soulagement:** Erleichterung, Linderung.
11 **un épisode:** Episode; hier: Ereignis.
12 **l'Assomption** *f.*: Mariä Himmelfahrt.
la Toussaint: Allerheiligen.
13 **se reporter à qc:** sich auf etwas beziehen.
14 **le vitrier:** Glaser.
badigeonner: tünchen; verkitten.
15 **la portion:** Teil.
faillir faire qc: beinahe etwas tun.
17 **s'absenter:** sich entfernen, fernbleiben.

térieusement; et les anciennes connaissances peu à peu s'en allèrent: Guyot, Liébard, Mme Lechaptois, Robelin, l'oncle Gremanville, paralysé depuis longtemps. Une nuit, le conducteur de la malle-poste annonça dans Pont-l'Évêque la Révolution de Juillet. Un sous-préfet nouveau, peu de jours après, fut nommé: le baron de Larsonnière, ex-consul en Amérique, et qui avait chez lui, outre sa femme, sa belle-sœur avec trois demoiselles, assez grandes déjà. On les apercevait sur leur gazon, habillées de blouses flottantes; elle possédaient un nègre et un perroquet. Mme Aubain eut leur visite, et ne manqua pas de la rendre. Du plus loin qu'elles paraissaient, Félicité accourait pour la prévenir. Mais une chose était seule capable de l'émouvoir, les lettres de son fils. Il ne pouvait suivre aucune carrière, étant absorbé dans les estaminets. Elle lui payait ses dettes; il en refaisait d'autres; et les soupirs que poussait Mme Aubain, en tricotant près de la fenêtre, arrivaient à Félicité, qui tournait son rouet dans la cuisine.

3 **paralysé, e:** gelähmt.
4 **la malle-poste:** Postkutsche.
5 **la Révolution de Juillet:** Julirevolution, revolutionäre Erhebung in Paris im Jahre 1830, die mit der Flucht Karls X. und der Wahl des Herzogs Louis-Philippe zum französischen König endete.
le sous-préfet: Unterpräfekt.
8 **outre:** außer.
10 **flottant, e:** hier: weit, wallend.
11 **le perroquet:** Papagei.
12 **rendre:** hier: erwidern.
du plus loin qu'elles paraissaient: sobald sie nur in der Ferne auftauchten.
15 **suivre une carrière:** einen Beruf wählen, ausüben; hier: bei einer Tätigkeit bleiben.
16 **un estaminet:** Kneipe, Wirtshaus.
19 **le rouet:** Spinnrad.

Elles se promenaient ensemble le long de l'espalier, et causaient toujours de Virginie, se demandant si telle chose lui aurait plu, en telle occasion ce qu'elle eût dit probablement.

Toutes ses petites affaires occupaient un placard dans la chambre à deux lits. Mme Aubain les inspectait le moins souvent possible. Un jour d'été, elle se résigna; et des papillons s'envolèrent de l'armoire.

Ses robes étaient en ligne sous une planche où il y avait trois poupées, des cerceaux, un ménage, la cuvette qui lui servait. Elles retirèrent également les jupons, les bas, les mouchoirs, et les étendirent sur les deux couches, avant de les replier. Le soleil éclairait ces pauvres objets, en faisait voir les taches, et des plis formés par les mouvements du corps. L'air était chaud et bleu, un merle gazouillait, tout semblait vivre dans une douceur profonde. Elles retrouvèrent un petit chapeau de peluche, à longs poils, couleur marron; mais il était tout mangé de vermine. Félicité le réclama pour elle-même. Leurs yeux se fixèrent l'une sur l'autre, s'emplirent de larmes; enfin la maîtresse ouvrit ses bras, la servante s'y jeta; et elles

1 **un espalier:** Spalier(mauer).
5 **le placard:** Wandschrank.
6f. **le moins souvent possible:** so selten wie möglich.
7 **se résigner:** nachgeben.
10 **le cerceau:** (Spiel-)Reif(en).
le ménage: hier: Puppengeschirr.
la cuvette: Waschschüssel.
15 **le merle:** Amsel.
16 **gazouiller:** zwitschern.
17 **la peluche:** Plüsch.
17f. **à longs poils:** langhaarig.
19 **la vermine:** Ungeziefer.

s'étreignirent, satisfaisant leur douleur dans un baiser qui les égalisait.

C'était la première fois de leur vie, Mme Aubain n'étant pas d'une nature expansive. Félicité lui en fut reconnaissante comme d'un bienfait, et désormais la chérit avec un dévouement bestial et une vénération religieuse.

La bonté de son cœur se développa.

Quand elle entendait dans la rue les tambours d'un régiment en marche, elle se mettait devant la porte avec une cruche de cidre, et offrait à boire aux soldats. Elle soigna des cholériques. Elle protégeait les Polonais; et même il y en eut un qui déclarait la vouloir épouser. Mais ils se fâchèrent; car un matin, en rentrant de l'angélus, elle le trouva dans sa cuisine, où il s'était introduit, et accommodé une vinaigrette qu'il mangeait tranquillement.

1 **étreindre qn:** jdn. umarmen, umschlingen.
le baiser: Kuss.
2 **égaliser:** gleichmachen, -stellen.
4 **expansif, ive:** offenherzig, überströmend.
4 f. **reconnaissant, e:** dankbar.
5 **le bienfait:** Wohltat.
désormais: hinfort, von nun an.
6 **bestial, e:** tierisch; hier: hündisch.
la vénération: Ehrfurcht, Ehrerbietung.
10 **la cruche:** Krug.
11 **le cholérique:** Cholerakranker.
le Polonais: Pole. Nach der Einnahme Warschaus durch die Russen 1813 waren zahlreiche Polen nach Frankreich geflüchtet; viele von ihnen hatten auf den Bauernhöfen der Normandie Arbeit gefunden.
12 f. **se fâcher:** Streit bekommen, sich zerstreiten, überwerfen.
13 **un angélus:** Gebet zur Heiligen Jungfrau Maria, das morgens, mittags und abends während des Angelusläutens gebetet wird.
14 f. **accommoder qc:** etwas zubereiten.
15 **la vinaigrette:** Essigbrühe; hier: mit Essigbrühe zubereiteter Fleischsalat.

Après les Polonais, ce fut le père Colmiche, un vieillard passant pour avoir fait des horreurs en 93. Il vivait au bord de la rivière, dans les décombres d'une porcherie. Les gamins le regardaient par les fentes du mur, et lui jetaient des cailloux qui tombaient sur son grabat, où il gisait, continuellement secoué par un catarrhe, avec des cheveux très longs, les paupières enflammées, et au bras une tumeur plus grosse que sa tête. Elle lui procura du linge, tâcha de nettoyer son bouge, rêvait à l'établir dans le fournil, sans qu'il gênât Madame. Quand le cancer eut crevé, elle le pansa tous les jours, quelquefois lui apportait de la galette, le plaçait au soleil sur une botte de paille; et le pauvre vieux, en bavant et en tremblant, la remerciait de sa voix éteinte, craignait de la perdre, allongeait les mains dès qu'il la voyait s'éloigner. Il mourut; elle fit dire une messe pour le repos de son âme.

2 **en 93:** Anspielung auf die blutige Phase der Französischen Revolution seit der 1793 errichteten Jakobinerdiktatur.
3 **les décombres** *m.:* Trümmer, Überreste.
la porcherie: Schweinestall.
4 **la fente:** Spalte, Ritze.
5 **le caillou:** Kieselstein, kleiner Stein.
le grabat: armseliges, ärmliches Bett.
6 **gésir:** liegen.
7 **enflammer:** entzünden.
8 **la tumeur:** Tumor, Geschwulst.
9 **le bouge:** elendes Loch, Spelunke.
10 **le fournil:** Waschhaus, Backstube.
le cancer: Krebs(geschwulst).
11 **crever:** aufbrechen, aufgehen.
panser: verbinden.
12 **la botte:** Bündel, Büschel.
13 **baver:** Speichel absondern, sabbern.
15 **allonger:** ausstrecken.
16 **le repos de l'âme:** Seelenheil.

Ce jour-là, il lui advint un grand bonheur: au moment du dîner, le nègre de Mme de Larsonnière se présenta, tenant le perroquet dans sa cage, avec le bâton, la chaîne et le cadenas. Un billet de la baronne annonçait à Mme Aubain que, son mari étant élevé à une préfecture, ils partaient le soir; et elle la priait d'accepter cet oiseau, comme un souvenir; et en témoignage de ses respects.
Il occupait depuis longtemps l'imagination de Félicité, car il venait d'Amérique, et ce mot lui rappelait Victor, si bien qu'elle s'en informait auprès du nègre. Une fois même elle avait dit: «C'est Madame qui serait heureuse de l'avoir!»
Le nègre avait redit le propos à sa maîtresse, qui, ne pouvant l'emmener, s'en débarrassait de cette façon.

IV

Il s'appelait Loulou. Son corps était vert, le bout de ses ailes rose, son front bleu, et sa gorge dorée.
Mais il avait la fatigante manie de mordre son bâton, s'arrachait les plumes, éparpillait ses ordures, répandait l'eau de sa baignoire; Mme Aubain, qu'il ennuyait, le donna pour toujours à Félicité.
Elle entreprit de l'instruire; bientôt il répéta: «Charmant

1 **advenir à qn:** jdm. widerfahren.
4 **le cadenas:** Vorhängeschloß.
7 **en témoignage de:** als Zeichen, Beweis für.
18 **fatigant, e:** hier: lästig, störend.
la manie: (krankhafte) Angewohnheit, Eigenheit.
19 **éparpiller:** umherwerfen, verstreuen.
les ordures *f.:* Unrat, Dreck, Kot.
20 **la baignoire:** Badetrog.
22 **entreprendre de faire qc:** anfangen, versuchen etwas zu tun.

garçon! Serviteur, Monsieur! Je vous salue, Marie!» Il était placé auprès de la porte, et plusieurs s'étonnaient qu'il ne répondît pas au nom de Jacquot, puisque tous les perroquets s'appellent Jacquot. On le comparait à une dinde, à une bûche: autant de coups de poignard pour Félicité! Étrange obstination de Loulou, ne parlant plus du moment qu'on le regardait!

Néanmoins il recherchait la compagnie; car le dimanche, pendant que ces demoiselles Rochefeuille, M. de Houppeville et de nouveaux habitués: Onfroy l'apothicaire, M. Varin et le capitaine Mathieu, faisaient leur partie de cartes, il cognait les vitres avec ses ailes, et se démenait si furieusement qu'il était impossible de s'entendre.

La figure de Bourais, sans doute, lui paraissait très drôle. Dès qu'il l'apercevait, il commençait à rire, à rire de toutes ses forces. Les éclats de sa voix bondissaient dans la cour, l'écho les répétait, les voisins se mettaient à leurs fenêtres, riaient aussi; et, pour n'être pas vu du perroquet, M. Bourais se coulait le long du mur, en dissimu-

1 **le serviteur:** Diener.
Je vous salue, Marie: Anfangsworte eines Gebets an die Jungfrau Maria (»Gegrüßet seist Du, Maria«), nach Lk. 1,28.
5 **la dinde:** Pute; hier (fam.): Einfaltspinsel.
la bûche: (Holz-)Scheit, Klotz; hier (fam.): Dummkopf.
le poignard: Dolch.
6 **une obstination:** Halsstarrigkeit, Eigensinn.
8 **néanmoins:** dennoch, gleichwohl.
10 **un apothicaire** (arch.): Apotheker.
12 **cogner qc:** gegen etwas stoßen.
se démener: herumtoben; hier: sich gebärden, aufführen.
15f. **rire de toutes ses forces:** aus Leibeskräften lachen.
16 **bondir:** springen, hüpfen; hier: dringen, sich verbreiten.
19 **se couler:** hier: schlüpfen, sich schleichen.
19f. **dissimuler:** verbergen, verdecken.

lant son profil avec son chapeau, atteignait la rivière, puis entrait par la porte du jardin; et les regards qu'il envoyait à l'oiseau manquaient de tendresse.

Loulou avait reçu du garçon boucher une chiquenaude, s'étant permis d'enfoncer la tête dans sa corbeille; et depuis lors il tâchait toujours de le pincer à travers sa chemise. Fabu menaçait de lui tordre le cou, bien qu'il ne fût pas cruel, malgré le tatouage de ses bras et ses gros favoris. Au contraire! il avait plutôt du penchant pour le perroquet, jusqu'à vouloir, par humeur joviale, lui apprendre des jurons. Félicité, que ces manières effrayaient, le plaça dans la cuisine. Sa chaînette fut retirée, et il circulait par la maison.

Quand il descendait l'escalier, il appuyait sur les marches la courbe de son bec, levait la patte droite, puis la gauche; et elle avait peur qu'une telle gymnastique ne lui causât des étourdissements. Il devint malade, ne pouvait plus parler ni manger. C'était sous sa langue une épaisseur, comme en ont les poules quelquefois. Elle le guérit en arrachant cette pellicule avec ses ongles. M. Paul,

1 **le profil:** Profil; hier: Gesicht.
4 **la chiquenaude:** Nasenstüber.
6 **depuis lors:** seitdem, von da an.
7 **tordre le cou à qn:** jdm. den Hals umdrehen.
8 **le tatouage:** Tätowierung.
9 **les favoris** *m.:* Backenbart.
le penchant: Zuneigung, besondere Vorliebe.
10 **par humeur joviale:** aus Übermut (*jovial, e:* heiter, fröhlich).
11 **le juron:** Fluch.
12 **la chaînette:** Kettchen.
15 **la courbe:** Krümmung, Wölbung.
17 **un étourdissement:** Benommenheit, Taumel, Schwindel(gefühl).
20 **la pellicule:** Häutchen, Schuppe.

un jour, eut l'imprudence de lui souffler aux narines la fumée d'un cigare; une autre fois que Mme Lormeau l'agaçait du bout de son ombrelle, il en happa la virole; enfin, il se perdit.

Elle l'avait posé sur l'herbe pour le rafraîchir, s'absenta une minute; et, quand elle revint, plus de perroquet! D'abord elle le chercha dans les buissons, au bord de l'eau et sur les toits, sans écouter sa maîtresse qui lui criait: «Prenez donc garde! vous êtes folle!» Ensuite elle inspecta tous les jardins de Pont-l'Évêque; et elle arrêtait les passants: «Vous n'auriez pas vu, quelquefois, par hasard, mon perroquet?» À ceux qui ne connaissaient pas le perroquet, elle en faisait la description. Tout à coup, elle crut distinguer derrière les moulins, au bas de la côte, une chose verte qui voltigeait. Mais au haut de la côte, rien! Un porte-balle lui affirma qu'il l'avait rencontré tout à l'heure, à Saint-Melaine, dans la boutique de la mère Simon. Elle y courut. On ne savait pas ce qu'elle voulait dire. Enfin elle rentra, épuisée, les savates en lambeaux, la mort dans l'âme; et, assise au milieu du banc, près de Madame, elle racontait toutes ses démarches, quand un poids léger lui tomba sur l'épaule: Loulou! Que diable avait-il fait? Peut-être qu'il s'était promené aux environs!

1 **une imprudence:** Unvorsichtigkeit, Unbedachtsamkeit.
la narine: Nasenloch.
3 **une ombrelle:** (kleiner) Sonnenschirm.
happer qc: (nach) etwas schnappen.
la virole: Ring, Zwinge.
5 **rafraîchir:** erfrischen.
7 **le buisson:** Strauch, Gebüsch.
16 **le porte-balle:** Hausierer.
21 f. **la démarche:** Schritt, Maßnahme, Unternehmung.
23 **que diable:** was zum Teufel!

Elle eut du mal à s'en remettre, ou plutôt ne s'en remit jamais.

Par suite d'un refroidissement, il lui vint une angine; peu de temps après, un mal d'oreilles. Trois ans plus tard, elle était sourde; et elle parlait très haut, même à l'église. Bien que ses péchés auraient pu sans déshonneur pour elle, ni inconvénient pour le monde, se répandre à tous les coins du diocèse, M. le curé jugea convenable de ne plus recevoir sa confession que dans la sacristie.

Des bourdonnements illusoires achevaient de la troubler. Souvent sa maîtresse lui disait: «Mon Dieu! comme vous êtes bête!» elle répliquait: «Oui, Madame», en cherchant quelque chose autour d'elle.

Le petit cercle de ses idées se rétrécit encore, et le carillon des cloches, le mugissement des bœufs, n'existaient plus. Tous les êtres fonctionnaient avec le silence des fantômes. Un seul bruit arrivait maintenant à ses oreilles, la voix du perroquet.

Comme pour la distraire, il reproduisait le tic tac du tournebroche, l'appel aigu d'un vendeur de poisson, la scie du menuisier qui logeait en face; et, aux coups de la

1 **se remettre de qc:** sich von etwas erholen.
3 **le refroidissement:** Unterkühlung, Erkältung.
6 **le déshonneur:** Unehre, Schande.
7 **un inconvénient:** Unannehmlichkeit.
9 **la confession:** Beichte.
10 **le bourdonnement:** hier: Ohrensausen.
illusoire: trügerisch, täuschend.
achever de faire qc: etwas vollends tun.
14 **se rétrécir:** sich verengen, enger werden.
14 f. **le carillon:** Läuten, Geläut.
15 **le mugissement:** Muhen, Brüllen.
17 **le fantôme:** Gespenst, Geist.
19 **reproduire:** wiedergeben, nachahmen.
20 **le tournebroche:** Bratenwender, Drehspieß.

sonnette, imitait Mme Aubain: «Félicité! la porte! la porte!»

Ils avaient des dialogues, lui, débitant à satiété les trois phrases de son répertoire, et elle, y répondant par des mots sans plus de suite, mais où son cœur s'épanchait. Loulou, dans son isolement, était presque un fils, un amoureux. Il escaladait ses doigts, mordillait ses lèvres, se cramponnait à son fichu; et, comme elle penchait son front en branlant la tête à la manière des nourrices, les grandes ailes du bonnet et les ailes de l'oiseau frémissaient ensemble.

Quand des nuages s'amoncelaient et que le tonnerre grondait, il poussait des cris, se rappelant peut-être les ondées de ses forêts natales. Le ruissellement de l'eau excitait son délire; il voletait éperdu, montait au plafond,

3 **débiter** (péj.): von sich geben, her(unter)leiern.
à satiété (*f.*): bis zum Überdruß.
5 **sans plus de suite:** ohne Folge, zusammenhanglos.
où son cœur s'épanchait: in denen sie ihr Herz ausschüttete (*s'épancher:* sich mitteilen, anvertrauen, ergießen).
6 **un isolement:** Einsamkeit, Vereinsamung.
7 **escalader qc:** an etwas hinaufklettern, auf etwas klettern.
mordiller qc: an etwas knabbern, nagen, herumbeißen.
8 **se cramponner à qc:** sich an etwas klammern, festkrallen.
le fichu: Schulter-, Brusttuch.
9 **branler qc:** mit etwas wackeln, etwas wiegen.
la nourrice: Amme.
10f. **frémir:** zittern, beben; hier: schwingen.
12 **s'amonceler:** sich anhäufen, (auf)türmen.
14 **une ondée:** Regenschauer, Platzregen.
natal, e: Geburts-, heimatlich.
le ruissellement: Rinnen, Strömen, Rieseln.
15 **exciter le délire de qn:** jdn. bis zur Raserei erregen, jdn. in einen Taumel versetzen.
voleter: (herum)flattern.
éperdu, e: außer sich, (wie) toll, wild.

renversait tout, et par la fenêtre allait barboter dans le jardin; mais revenait vite sur un des chenets, et, sautillant pour sécher ses plumes, montrait tantôt sa queue tantôt son bec.

Un matin du terrible hiver de 1837, qu'elle l'avait mis devant la cheminée, à cause du froid, elle le trouva mort, au milieu de sa cage, la tête en bas, et les ongles dans les fils de fer. Une congestion l'avait tué, sans doute? Elle crut à un empoisonnement par le persil; et, malgré l'absence de toutes preuves, ses soupçons portèrent sur Fabu.

Elle pleura tellement que sa maîtresse lui dit: «Eh bien! faites-le empailler!»

Elle demanda conseil au pharmacien, qui avait toujours été bon pour le perroquet.

Il écrivit au Havre. Un certain Fellacher se chargea de cette besogne. Mais, comme la diligence égarait parfois les colis, elle résolut de le porter elle-même jusqu'à Honfleur.

Les pommiers sans feuilles se succédaient aux bords de la route. De la glace couvrait les fossés. Des chiens abo-

1 **barboter:** herumplanschen, -waten.
2 **le chenet:** Feuerbock.
2f. **sautiller:** (umher)hüpfen.
8 **la congestion:** Blutandrang, -stauung.
9 **un empoisonnement:** Vergiftung.
le persil: Petersilie.
10 **le soupçon:** Argwohn, Verdacht.
porter sur qn: jdn. betreffen, sich gegen jdn. richten.
13 **empailler:** (mit Stroh) ausstopfen.
15 **être bon, ne pour qn:** gut zu jdm. sein.
17 **égarer qc:** etwas irreleiten.
20 **se succéder:** aufeinanderfolgen, sich reihen.
21f. **aboyer:** bellen.

yaient autour des fermes et les mains sous son mantelet, avec ses petits sabots noirs et son cabas, elle marchait prestement, sur le milieu du pavé.

Elle traversa la forêt, dépassa le Haut-Chêne, atteignit Saint-Gatien.

Derrière elle, dans un nuage de poussière et emportée par la descente, une malle-poste au grand galop se précipitait comme une trombe. En voyant cette femme qui ne se dérangeait pas, le conducteur se dressa par-dessus la capote, et le postillon criait aussi, pendant que ses quatre chevaux qu'il ne pouvait retenir accéléraient leur train; les deux premiers la frôlaient; d'une secousse de ses guides, il les jeta dans le débord, mais furieux releva le bras, et à pleine volée, avec son grand fouet, lui cingla du ventre au chignon un tel coup qu'elle tomba sur le dos.

Son premier geste, quand elle reprit connaissance, fut

1 **le mantelet:** (kurzer) Umhang.
3 **prestement** (adv.): flink, rasch, behend.
le pavé: Pflaster.
6f. **emporté, e par la descente:** vom Gefälle vorangetrieben.
7 **au grand galop** (*m.*): in schnellem, vollem Galopp.
7f. **se précipiter comme une trombe:** wie ein Wirbelwind heranfegen, vorwärtsstürmen (*la trombe:* Windhose).
9 **se déranger:** sich stören lassen, Platz machen, aus dem Weg gehen.
10 **la capote:** Verdeck.
11 **accélérer:** beschleunigen.
le train: hier: Lauf, Gangart.
12 **la secousse:** Stoß, Ruck.
13 **la guide:** Zügel.
le débord: Straßenrand.
14 **à pleine volée** (*f.*): in vollem Schwung.
le fouet: Peitsche.
14f. **cingler un coup à qn:** jdm. einen Hieb versetzen (*cingler:* peitschen).
15 **le chignon:** (Haar-)Knoten; Nacken.

d'ouvrir son panier. Loulou n'avait rien, heureusement. Elle sentit une brûlure à la joue droite; ses mains qu'elle y porta étaient rouges. Le sang coulait.

Elle s'assit sur un mètre de cailloux, se tamponna le visage avec son mouchoir, puis elle mangea une croûte de pain, mise dans son panier par précaution, et se consolait de sa blessure en regardant l'oiseau.

Arrivée au sommet d'Ecquemauville, elle aperçut les lumières d'Honfleur qui scintillaient dans la nuit comme une quantité d'étoiles; la mer, plus loin, s'étalait confusément. Alors une faiblesse l'arrêta; et la misère de son enfance, la déception du premier amour, le départ de son neveu, la mort de Virginie, comme les flots d'une marée, revinrent à la fois, et, lui montant à la gorge, l'étouffaient.

Puis elle voulut parler au capitaine du bateau; et, sans dire ce qu'elle envoyait, lui fit des recommandations.

Fellacher garda longtemps le perroquet. Il le promettait toujours pour la semaine prochaine; au bout de six mois, il annonça le départ d'une caisse; et il n'en fut plus question. C'était à croire que jamais Loulou ne reviendrait. «Ils me l'auront volé!» pensait-elle.

Enfin il arriva, – et splendide, droit sur une branche

2f. **porter la main à qc:** mit der Hand nach, an etwas fassen.
6f. **se consoler de qc:** sich über etwas hinwegtrösten, etwas verschmerzen.
9 **scintiller:** funkeln, glitzern, schimmern.
10f. **confusément** (adv.): undeutlich, verschwommen.
12 **la déception:** Enttäuschung.
13 **la marée:** Ebbe und Flut; hier: Flut.
17 **la recommandation:** Empfehlung, Ermahnung.
21 **c'était à croire:** man mußte annehmen.
23 **splendide:** prächtig, herrlich.

d'arbre, qui se vissait dans un socle d'acajou, une patte en l'air, la tête oblique, et mordant une noix, que l'empailleur, par amour du grandiose, avait dorée.

Elle l'enferma dans sa chambre.

Cet endroit, où elle admettait peu de monde, avait l'air tout à la fois d'une chapelle et d'un bazar tant il contenait d'objets religieux et de choses hétéroclites.

Une grande armoire gênait pour ouvrir la porte. En face de la fenêtre surplombant le jardin, un œil-de-bœuf regardait la cour; une table, près du lit de sangle, supportait un pot à l'eau, deux peignes, et un cube de savon bleu dans une assiette ébréchée. On voyait contre les murs: des chapelets, des médailles, plusieurs bonnes Vierges, un bénitier en noix de coco; sur la commode, couverte d'un drap comme un autel, la boîte en coquillages que lui avait donnée Victor; puis un arrosoir et un ballon, des

1 **visser:** (an-, fest)schrauben.
le socle: Sockel.
2 **oblique:** schräg, schief, halb seitwärts geneigt.
2f. **un empailleur:** Tierausstopfer, Präparator.
3 **le grandiose:** das Großartige, Erhabene, Grandiose.
dorer: vergolden.
6 **la chapelle:** Kapelle.
le bazar: Basar, Kaufhalle, Kramladen.
7 **hétéroclite:** seltsam, wunderlich, verschiedenartig.
9 **un œil-de-bœuf:** Bullauge, rundes Fenster.
10 **le lit de sangle** (*f.*): Gurtbett (mit einem mit Gurtbändern bespannten Rahmen als Auflage).
11 **le cube:** Würfel.
12 **ébréché, e:** angeschlagen.
13 **la médaille:** Gedenkmünze, Medaille.
14 **le bénitier:** Weihwasserkessel, -becken.
la noix de coco (*m.*): Kokosnuß.
15 **le coquillage:** Muschel.
16 **un arrosoir:** Gießkanne.

cahiers d'écriture, la géographie en estampes, une paire de bottines; et au clou du miroir, accroché par ses rubans, le petit chapeau de peluche! Félicité poussait même ce genre de respect si loin, qu'elle conservait une des redingotes de Monsieur. Toutes les vieilleries dont ne voulait plus Mme Aubain, elle les prenait pour sa chambre. C'est ainsi qu'il y avait des fleurs artificielles au bord de la commode, et le portrait du comte d'Artois dans l'enfoncement de la lucarne.

Au moyen d'une planchette, Loulou fut établi sur un corps de cheminée qui avançait dans l'appartement. Chaque matin, en s'éveillant, elle l'apercevait à la clarté de l'aube, et se rappelait alors les jours disparus, et d'insignifiantes actions jusqu'en leurs moindres détails, sans douleur, pleine de tranquillité.

Ne communiquant avec personne, elle vivait dans une torpeur de somnambule. Les processions de la Fête-Dieu la ranimaient. Elle allait quêter chez les voisines des flambeaux et des paillassons, afin d'embellir le reposoir que l'on dressait dans la rue.

À l'église, elle contemplait toujours le Saint-Esprit, et

3 **le ruban:** Band.
5 **la vieillerie:** alter Kram, Plunder.
7 **artificiel, le:** künstlich.
9 **un enfoncement:** Einbuchtung, Vertiefung.
10 **la planchette:** Brettchen, Leiste.
13 f. **insignifiant, e:** nichtssagend, belanglos, bedeutungslos.
17 **la torpeur:** Starre, Erstarrung, Benommenheit.
la somnambule: Schlafwandlerin.
18 **ranimer:** wieder aufleben lassen.
quêter: sammeln, erbitten, erbetteln.
19 **le flambeau:** Licht, Kerze, Leuchter.
le paillasson: Binsen-, Strohmatte.
embellir: verschönern, ausschmücken.

observa qu'il avait quelque chose du perroquet. Sa ressemblance lui parut encore plus manifeste sur une image d'Épinal, représentant le baptême de Notre-Seigneur. Avec ses ailes de pourpre et son corps d'émeraude, c'était vraiment le portrait de Loulou.

L'ayant acheté, elle le suspendit à la place du comte d'Artois, – de sorte que, du même coup d'œil, elle les voyait ensemble. Ils s'associèrent dans sa pensée, le perroquet se trouvant sanctifié par ce rapport avec le Saint-Esprit, qui devenait plus vivant à ses yeux et intelligible. Le Père, pour s'énoncer, n'avait pu choisir une colombe, puisque ces bêtes-là n'ont pas de voix, mais plutôt un des ancêtres de Loulou. Et Félicité priait en regardant l'image, mais de temps à autre se tournait un peu vers l'oiseau.

Elle eut envie de se mettre dans les demoiselles de la Vierge. Mme Aubain l'en dissuada.

Un événement considérable surgit: le mariage de Paul. Après avoir été d'abord clerc de notaire, puis dans le

2 **manifeste:** augenscheinlich, offenbar, offenkundig.
2f. **une image d'Épinal:** Bilderbogen aus Épinal. Die in den Vogesen gelegene Stadt war im 19. Jh. berühmt wegen der von dem Drucker J. Ch. Pellerin hergestellten bunten Bilderbogen.
3 **le baptême:** Taufe.
Notre-Seigneur: der Herr, unser Herr (Jesus Christus).
4 **le pourpre:** Purpur(rot).
une émeraude: Smaragd(grün).
10 **intelligible:** verständlich, klar.
11 **le Père:** Gott Vater.
s'énoncer: sich offenbaren.
16f. **se mettre dans les demoiselles de la Vierge:** dem Orden der Heiligen Jungfrau beitreten.
17 **dissuader qn de qc:** jdm. etwas ausreden, jdn. von etwas abbringen.
18 **surgir:** auftauchen; hier: stattfinden.
19 **le clerc de notaire** (*m.*): Notariatsgehilfe.

commerce, dans la douane, dans les contributions, et même avoir commencé des démarches pour les eaux et forêts, à trente-six ans, tout à coup, par une inspiration du ciel, il avait découvert sa voie: l'enregistrement! et y montrait de si hautes facultés qu'un vérificateur lui avait offert sa fille, en lui promettant sa protection.

Paul, devenu sérieux, l'amena chez sa mère.

Elle dénigra les usages de Pont-l'Évêque, fit la princesse, blessa Félicité. Mme Aubain, à son départ, sentit un allégement.

La semaine suivante, on apprit la mort de M. Bourais, en basse Bretagne, dans une auberge. La rumeur d'un suicide se confirma; des doutes s'élevèrent sur sa probité. Mme Aubain étudia ses comptes, et ne tarda pas à connaître la kyrielle de ses noirceurs: détournements d'arrérages, ventes de bois dissimulées, fausses quittances, etc. De plus, il avait un enfant naturel, et »des relations avec une personne de Dozulé».

1 **les contributions** *f.*: Steuerbehörde.
2f. **les eaux et forêts** *f.*: Forstwesen, Forst- und Wasserverwaltung.
3 **une inspiration:** Eingebung.
4 **un enregistrement:** Eintragung; hier: Registratur, Registrierungsstelle.
5 **la faculté:** Fähigkeit, Talent.
le vérificateur: Prüfer, Kontrolleur.
8 **dénigrer:** herabwürdigen, schlechtmachen.
10 **un allégement:** Erleichterung.
12 **la rumeur:** Gerücht, Gerede.
12f. **le suicide:** Selbstmord.
13 **la probité:** Redlichkeit, Rechtschaffenheit.
15 **la kyrielle:** Litanei, lange Reihe.
la noirceur: Schwärze; hier: Schändlichkeit, Gemeinheit.
le détournement: Umleitung; hier: Unterschlagung, Veruntreuung.
15f. **les arrérages** *m.*: Rückstände; (fällige) Rente.
16 **la quittance:** Quittung, Zahlungsbeleg.
17 **un enfant naturel:** uneheliches Kind.

Ces turpitudes l'affligèrent beaucoup. Au mois de mars 1853, elle fut prise d'une douleur dans la poitrine; sa langue paraissait couverte de fumée; les sangsues ne calmèrent pas l'oppression; et le neuvième soir elle expira, ayant juste soixante-douze ans.

On la croyait moins vieille, à cause de ses cheveux bruns, dont les bandeaux entouraient sa figure blême, marquée de petite vérole. Peu d'amis la regrettèrent, ses façons étant d'une hauteur qui éloignait.

Félicité la pleura, comme on ne pleure pas les maîtres. Que Madame mourût avant elle, cela troublait ses idées, lui semblait contraire à l'ordre des choses, inadmissible et monstrueux.

Dix jours après (le temps d'accourir de Besançon), les héritiers survinrent. La bru fouilla les tiroirs, choisit des meubles, vendit les autres, puis ils regagnèrent l'enregistrement.

Le fauteuil de Madame, son guéridon, sa chaufferette, les huit chaises, étaient partis! La place des gravures

1 **la turpitude:** Schändlichkeit, Schandtat.
affliger qn: jdn. betrüben, bedrücken.
3 **la sangsue:** Blutegel.
4 **expirer:** sein Leben aushauchen, verscheiden, sterben.
7 **le bandeau:** Binde, Band; hier: glatte, eng anliegende Strähne.
blême: blaß, bleich.
7f. **marqué, e de petite vérole** (*f.*): blatter-, pockennarbig.
10 **les maîtres** *m.*: Herrschaft.
12 **inadmissible:** unzulässig, unstatthaft.
13 **monstrueux, se:** entsetzlich, ungeheuerlich.
15 **un héritier:** Erbe.
survenir: plötzlich kommen, erscheinen, einfallen.
la bru: Schwiegertochter.
fouiller qc: etwas durchsuchen, -wühlen.
16 **regagner qc:** zu etwas zurückkehren.
18 **le guéridon:** kleiner (runder) Tisch.

se dessinait en carrés jaunes au milieu des cloisons. Ils avaient emporté les deux couchettes, avec leurs matelas, et dans le placard on ne voyait plus rien de toutes les affaires de Virginie! Félicité remonta les étages, ivre de tristesse.

Le lendemain il y avait sur la porte une affiche; l'apothicaire lui cria dans l'oreille que la maison était à vendre.

Elle chancela, et fut obligée de s'asseoir.

Ce qui la désolait principalement, c'était d'abandonner sa chambre, – si commode pour le pauvre Loulou. En l'enveloppant d'un regard d'angoisse, elle implorait le Saint-Esprit, et contracta l'habitude idolâtre de dire ses oraisons agenouillée devant le perroquet. Quelquefois, le soleil entrant par la lucarne frappait son œil de verre, et en faisait jaillir un grand rayon lumineux qui la mettait en extase.

Elle avait une rente de trois cent quatre-vingts francs, léguée par sa maîtresse. Le jardin lui fournissait des légumes. Quant aux habits, elle possédait de quoi se vêtir

1 **se dessiner:** sich abzeichnen.
4 **ivre de:** ganz erfüllt von.
9 **chanceler:** (sch)wanken, taumeln.
10 **principalement** (adv.): vor allem, hauptsächlich.
12 **envelopper qn d'un regard:** einen Blick auf jdn. werfen, jdn. mit einem Blick umfangen.
implorer qn: jdn. anflehen, zu jdm. flehen.
13 **contracter qc:** hier: etwas annehmen, sich etwas zu eigen machen.
idolâtre: götzendienerisch.
14 **une oraison:** Gebet.
15 **frapper:** hier: treffen.
16 **jaillir:** hervorschießen, -brechen, aufblitzen.
lumineux, se: leuchtend, glänzend.
19 **léguer:** vermachen, hinterlassen, vererben.

jusqu'à la fin de ses jours, et épargnait l'éclairage en se couchant dès le crépuscule.
Elle ne sortait guère, afin d'éviter la boutique du brocanteur, où s'étalaient quelques-uns des anciens meubles. Depuis son étourdissement, elle traînait une jambe; et, ses forces diminuant, la mère Simon, ruinée dans l'épicerie, venait tous les matins fendre son bois et pomper de l'eau.
Ses yeux s'affaiblirent. Les persiennes n'ouvraient plus. Bien des années se passèrent. Et la maison ne se louait pas, et ne se vendait pas.
Dans la crainte qu'on ne la renvoyât, Félicité ne demandait aucune réparation. Les lattes du toit pourrissaient; pendant tout un hiver son traversin fut mouillé. Après Pâques, elle cracha du sang.
Alors la mère Simon eut recours à un docteur. Félicité voulut savoir ce qu'elle avait. Mais, trop sourde pour entendre, un seul mot lui parvint: «Pneumonie». Il lui était connu, et elle répliqua doucement: «Ah! comme Madame», trouvant naturel de suivre sa maîtresse.
Le moment des reposoirs approchait.
Le premier était toujours au bas de la côte, le second devant la poste, le troisième vers le milieu de la rue. Il y

1 **un éclairage:** Beleuchtung, Licht.
2 **le crépuscule:** Dämmerung.
7 **fendre:** spalten, hacken.
pomper: pumpen.
9 **la persienne:** (feste) Jalousie, Fensterladen.
13 **la latte:** Latte.
pourrir: (ver)faulen, (ver)modern.
14 **le traversin:** Kopfpolster, Schlummerrolle.
18 **parvenir à qn:** hier: zu jdm. dringen.
la pneumonie: Lungenentzündung.

eut des rivalités à propos de celui-là; et les paroissiennes choisirent finalement la cour de Mme Aubain.

Les oppressions et la fièvre augmentaient. Félicité se chagrinait de ne rien faire pour le reposoir. Au moins, si elle avait pu y mettre quelque chose! Alors elle songea au perroquet. Ce n'était pas convenable, objectèrent les voisines. Mais le curé accorda cette permission; elle en fut tellement heureuse qu'elle le pria d'accepter, quand elle serait morte, Loulou, sa seule richesse.

Du mardi au samedi, veille de la Fête-Dieu, elle toussa plus fréquemment. Le soir son visage était grippé, ses lèvres se collaient à ses gencives, des vomissements parurent; et le lendemain, au petit jour, se sentant très bas, elle fit appeler un prêtre.

Trois bonnes femmes l'entouraient pendant l'extrême-onction. Puis elle déclara qu'elle avait besoin de parler à Fabu.

Il arriva en toilette des dimanches, mal à son aise dans cette atmosphère lugubre.

– Pardonnez-moi, dit-elle avec un effort pour étendre le bras; je croyais que c'était vous qui l'aviez tué!

1 **la rivalité:** Wetteifer, Rivalität, Eifersüchtelei.
le paroissien: Pfarrkind, Gemeindemitglied.
3 f. **se chagriner:** sich ärgern, grämen.
11 **fréquemment** (adv.): oft, häufig.
grippé, e: zusammengeschrumpft, -gezogen.
12 **les gencives** *f.:* Zahnfleisch.
le vomissement: (Er-)Brechen.
13 f. **se sentir très bas:** sich sehr schwach, elend fühlen.
15 f. **une extrême-onction:** Letzte Ölung.
18 **la toilette des dimanches:** Sonntagskleider, -staat.
mal à son aise: unbehaglich.
19 **lugubre:** trostlos, traurig, düster.

Que signifiaient des potins pareils? L'avoir soupçonné d'un meurtre, un homme comme lui! et il s'indignait, allait faire du tapage.

– Elle n'a plus sa tête, vous voyez bien!

Félicité de temps à autre parlait à des ombres. Les bonnes femmes s'éloignèrent. La Simonne déjeuna.

Un peu plus tard, elle prit Loulou, et, l'approchant de Félicité:

– Allons! dites-lui adieu!

Bien qu'il ne fût pas un cadavre, les vers le dévoraient; une de ses ailes était cassée, l'étoupe lui sortait du ventre. Mais, aveugle à présent, elle le baisa au front, et le gardait contre sa joue. La Simonne le reprit, pour le mettre sur le reposoir.

V

Les herbages envoyaient l'odeur de l'été; des mouches bourdonnaient; le soleil faisait luire la rivière, chauffait les ardoises. La mère Simon, revenue dans la chambre, s'endormait doucement.

Des coups de cloche la réveillèrent; on sortait des vêpres. Le délire de Félicité tomba. En songeant à la procession, elle la voyait, comme si elle l'eût suivie.

1 **le potin:** Klatsch, Geschwätz.
2 **le meurtre:** Mord(tat).
s'indigner: böse werden, sich entrüsten.
10 **le ver:** Wurm, Made.
dévorer: verschlingen; hier: zerfressen.
11 **une étoupe:** Werg, Putzwolle.
16 **envoyer:** hier: verströmen.
17 **bourdonner:** summen, schwirren.
luire: schimmern, glänzen.
21 **le délire:** hier: Fieber.

Tous les enfants des écoles, les chantres et les pompiers marchaient sur les trottoirs, tandis qu'au milieu de la rue, s'avançaient premièrement: le suisse armé de sa hallebarde, le bedeau avec une grande croix, l'instituteur surveillant les gamins, la religieuse inquiète de ses petites filles; trois des plus mignonnes, frisées comme des anges, jetaient dans l'air des pétales de roses; le diacre, les bras écartés, modérait la musique; et deux encenseurs se retournaient à chaque pas vers le Saint-Sacrement, que portait, sous un dais de velours ponceau tenu par quatre fabriciens, M. le curé, dans sa belle chasuble. Un flot de monde se poussait derrière, entre les nappes blanches couvrant le mur des maisons; et l'on arriva au bas de la côte.

Une sueur froide mouillait les tempes de Félicité. La Simonne l'épongeait avec un linge, en se disant qu'un jour il lui faudrait passer par là.

1 **le pompier:** Feuerwehrmann.
3 **le suisse:** Kirchendiener.
3f. **une hallebarde:** Hellebarde (Hieb- und Stoßwaffe).
4 **le bedeau:** Küster, Kirchendiener.
6 **frisé, e:** gelockt, lockig.
7 **le pétale:** Blüten-, Blumenblatt.
le diacre: Diakon.
8 **écarter:** hier: ausbreiten, erheben.
modérer: mäßigen, dämpfen.
un encenseur: Weihrauchschwenker.
9 **le Saint-Sacrement:** das Allerheiligste.
10 **le dais:** Baldachin.
ponceau (inv.): mohnrot.
11 **le fabricien:** Kirchenverwalter, -vorsteher.
la chasuble: Meßgewand.
15 **la sueur:** Schweiß.
16 **éponger:** abwischen, abtrocknen.
le linge: hier: (Leinen-)Tuch.
17 **passer par là:** das auch durchmachen müssen, da hindurchmüssen.

Le murmure de la foule grossit, fut un moment très fort, s'éloignait.

Une fusillade ébranla les carreaux. C'étaient les postillons saluant l'ostensoir. Félicité roula ses prunelles, et elle dit, le moins bas qu'elle put:

– Est-il bien? tourmentée du perroquet.

Son agonie commença. Un râle, de plus en plus précipité, lui soulevait les côtes. Des bouillons d'écume venaient aux coins de sa bouche, et tout son corps tremblait.

Bientôt, on distingua le ronflement des ophicléides, les voix claires des enfants, la voix profonde des hommes. Tout se taisait par intervalles, et le battement des pas, que des fleurs amortissaient, faisait le bruit d'un troupeau sur du gazon.

Le clergé parut dans la cour. La Simonne grimpa sur une chaise pour atteindre à l'œil-de-bœuf, et de cette manière dominait le reposoir.

Des guirlandes vertes pendaient sur l'autel, orné d'un falbala en point d'Angleterre. Il y avait au milieu un petit

3 **la fusillade:** Gewehrfeuer, -salve.
ébranler: erschüttern, erzittern lassen.
4 **un ostensoir:** Monstranz.
la prunelle: Pupille, Auge.
7 **une agonie:** Todeskampf.
le râle: Röcheln.
8 **le bouillon:** Blase.
11 **le ronflement:** Brummen, Dröhnen.
un ophicléide: Ophikleide (tiefes Blechblasinstrument).
13 **le battement:** Schlagen; hier: Stampfen; Getrappel.
14 **amortir:** abschwächen, dämpfen.
16 **le clergé:** Geistlichkeit.
20 **le falbala:** Faltenbesatz, Volant, Falbel (dicht gefältelter Besatz aus Stoff oder Spitze).
en point d'Angleterre: aus englischer Spitze.

cadre enfermant des reliques, deux orangers dans les angles, et, tout le long, des flambeaux d'argent et des vases en porcelaine, d'où s'élançaient des tournesols, des lis, des pivoines, des digitales, des touffes d'hortensias. Ce monceau de couleurs éclatantes descendait obliquement, du premier étage jusqu'au tapis se prolongeant sur les pavés; et des choses rares tiraient les yeux. Un sucrier de vermeil avait une couronne de violettes, des pendeloques en pierres d'Alençon brillaient sur de la mousse, deux écrans chinois montraient leurs paysages. Loulou, caché sous des roses, ne laissait voir que son front bleu, pareil à une plaque de lapis.

Les fabriciens, les chantres, les enfants se rangèrent sur les trois côtés de la cour. Le prêtre gravit lentement les marches, et posa sur la dentelle son grand soleil d'or qui rayonnait. Tous s'agenouillèrent. Il se fit un grand silence. Et les encensoirs, allant à pleine volée, glissaient sur leurs chaînettes.

3 **s'élancer:** sich emporschwingen, -ragen.
le tournesol: Sonnenblume.
4 **le lis:** Lilie.
la pivoine: Pfingstrose.
la digitale: Fingerhut.
5 **le monceau:** Menge, Ansammlung.
éclatant, e: leuchtend, strahlend.
7 **tirer les yeux:** ins Auge fallen; die Blicke anziehen.
le sucrier: Zuckerdose.
8 **le vermeil:** vergoldetes Silber (*vermeil, le:* leuchtendrot).
8f. **la pendeloque:** Ohr-, Leuchtergehänge.
9 **la mousse:** Moos.
10 **un écran:** Wandschirm, Stellwand.
chinois, e: chinesisch.
12 **le lapis** (inv.): *le lapis lazuli:* Lapislazuli, Lasurstein.
15 **la marche:** Stufe.
16 **rayonner:** strahlen, glänzen, leuchten.
17 **un encensoir:** Weihrauchgefäß.

Une vapeur d'azur monta dans la chambre de Félicité. Elle avança les narines, en la humant avec une sensualité mystique; puis ferma les paupières. Ses lèvres souriaient. Les mouvements de son cœur se ralentirent un à un, plus vagues chaque fois, plus doux, comme une fontaine s'épuise, comme un écho disparaît; et, quand elle exhala son dernier souffle, elle crut voir, dans les cieux entr'ouverts, un perroquet gigantesque, planant au-dessus de sa tête.

1 **d'azur:** azur-, tiefblau.
2 **humer:** einsaugen, tief einatmen.
la sensualité: Sinnlichkeit, Wollust.
3 **mystique:** mystisch, schwärmerisch.
5 **vague:** unbestimmt, undeutlich.
7 f. **entr'ouvert, e:** halbgeöffnet.
8 **gigantesque:** riesig, riesenhaft.

Editorische Notiz

Der französische Text folgt der Ausgabe: Gustave Flaubert, *Œuvres*, texte établi et annoté par Albert Thibaudet et René Dumesnil, Bd. 2, Paris: Gallimard, 1952. Das Glossar enthält grundsätzlich alle Wörter, die nicht im *Dictionnaire fondamental de la langue française* von Georges Gougenheim (Paris: Marcel Didier, 1958) verzeichnet sind.

Im Glossar verwendete Abkürzungen

adv.	adverbe
arch.	archaïque (veraltet)
f.	féminin
fam.	familier (umgangssprachlich)
inv.	invariable (unveränderlich)
lat.	lateinisch
litt.	littéraire (gehoben)
m.	masculin
péj.	péjoratif (herabsetzend)
qc	quelque chose
qn	quelqu'un

Nachwort

»L'Histoire d'*Un cœur simple* est tout bonnement le récit d'une vie obscure, celle d'une pauvre fille de campagne, dévote mais mystique, dévouée sans exaltation et tendre comme du pain frais. Elle aime successivement un homme, les enfants de sa maîtresse, un neveu, un vieillard qu'elle soigne, puis son perroquet; quand le perroquet est mort, elle le fait empailler et, en mourant à son tour, elle confond le perroquet avec le Saint-Esprit. Cela n'est nullement ironique comme vous le supposez, mais au contraire très sérieux et très triste« (Corr. VII, S. 307).

Mit diesen Worten, die er am 19. Juni 1876 an seine Nichte Caroline schreibt, skizziert Flaubert den Inhalt der vorliegenden Erzählung, die er zusammen mit zwei weiteren 1877 unter dem Gesamttitel *Trois Contes* veröffentlichen wird.

Ort des Geschehens ist ein bescheiden geführtes Bürgerhaus, in das der Leser, gleich einem Besucher, der Beschreibung folgend langsam vom Erdgeschoß zum ersten Stock vordringt und sich dabei des Eindrucks von Stille und mangelndem Leben nicht erwehren kann (»[. . .] le salon, toujours fermé, et rempli de meubles recouverts d'un drap«, S. 5). Nach eingehender Schilderung der einzelnen Räume erstaunt es, daß lediglich die Erwähnung einer Dachluke Hinweis auf den zweiten Stock und damit auf das Zimmer der Magd sein soll. – Jäh bricht die Beschreibung hier ab und geht über auf Félicité.

Diese vereinigt in sich alle entscheidenden Qualitäten einer guten Dienstmagd: Sie ist fleißig, ihrer Herrin treu ergeben; die Kinder des Hauses liebt sie abgöttisch; sie ist genügsam und bescheiden, dennoch von gewissem Durchsetzungsvermögen gegenüber Markthändlern, Gutspächtern und unliebsamen Besuchern. Aufgrund ihrer sozialen Herkunft kennzeichnet sie als einzige ihrer Umgebung Vertrautheit mit der Natur. – Diese kommt ihr im Kampf mit dem Stier zugute, wo sie eine Entschlossenheit an den Tag legt, der man auch weiterhin begegnen wird, etwa auf ihrem Weg zur sterbenden Virginie oder bei der Pflege des père Colmiche. Solche Fähigkeit, im praktischen Bereich des Lebens initiativ zu werden, steht in Kontrast zu einer nach innen gewandten Haltung, einer Wortlosigkeit, die auch in Situationen der Trauer und der Freude nur Gesten zuläßt (»se jeter par terre«, »gémir« S. 10; »baiser au front«, »garder contre la joue«, S. 68). Ihre intellektuellen Fähigkeiten wurden nie ausgebildet, ihr Denkvermögen ist begrenzt und zeugt von Einfalt (»candeur«, »intelligence bornée«, S. 38). Nur mit visuellen Mitteln eröffnet sie sich den Zugang zur Welt. Abbildungen wie das Ölporträt des M. Aubain, die »géographie des estampes« oder die Kirchenfenster erwecken in ihr Staunen und Faszination.

Virginies Katechismusunterricht wird zum entscheidenden Bildungserlebnis, indem er ihr eine Welt erschließt, die Flucht aus der Trivialität des Alltags und den leidvollen Erlebnissen gewährt. Glaube und Religion sind für sie allerdings ausschließlich vom Gefühl geprägt: »Quant aux dogmes, elle n'y comprenait rien, ne tâcha même pas de comprendre«, S. 27). Félicité begreift mit der Seele. Am leichtesten begreift sie die Gestalt der Heiligen Jungfrau. Verbindungen werden deutlich: die Darstellungen in den Kirchenfenstern (Heiliger Geist und Jungfrau; Jungfrau und Kind) lassen eine gewisse Identifikation zu, denn die Konstellation Mann – Frau und Mutter – Kind sind die gescheiterten Beziehungen in ihrem Leben. Weitere Hinweise auf die Nähe sind der Name ihres Schützlings »Virginie«, ihre Haltung am Kalvarienberg, wo sie für Viktor betet (S. 34f.), die Madonnenstatuen in ihrem Zimmer, ihr Wunsch, bei den »Demoiselles de la Vierge« einzutreten, und letztlich sogar ein Satz aus dem Repertoir des Papageis: »Je vous salue, Marie!« (S. 52). – Größere Schwierigkeiten bereitet es ihr, die Idee des Heiligen Geistes zu begreifen, der Vogel, Feuer und Atem in einem ist. Mit aller Hingabe nimmt sie die bildhaften Assoziationen, die Darstellung als Taube im Kirchenfenster und im Epinaler Bilderbogen, zu Hilfe und vollzieht in ihrer Vorstellung eine fortschreitende Annäherung an Loulou (»[...] il avait quelque chose du perroquet.« »Avec ses ailes de pourpre [...], c'était vraiment le portrait de Loulou«, S. 62), die schließlich in totaler Verschmelzung gipfelt: »Ils s'associèrent dans sa pensée, le perroquet se trouvant sanctifié par ce rapport avec le Saint-Esprit, qui devenait plus vivant à ses yeux et intelligible« (ebd.). Nur so kann ihr in der Sterbestunde die befreiende Vision zuteil werden.

Geht man nun von der Gestalt Félicités über zu den einzelnen Stationen, die ihr Leben ausmachen, so läßt sich zunächst eine deutliche Abwärtsbewegung erkennen, geprägt von einer Kette bitterer Entbehrungen und Verluste ihr nahestehender Personen, die sie liebt und umsorgt, was zumeist keine Resonanz erfährt. Was mit dem frühen Verlust der Eltern und dem enttäuschenden Liebesverhältnis beginnt, setzt sich in einer immer wieder scheiternden Mutter-Identifikation fort: sie muß ihre Zärtlichkeit den Kindern gegenüber zügeln (S. 11), muß mitansehen, wie Paul und Virginie, die Kinder ihrer Herrin, das Elternhaus verlassen und ihr fremd werden (S. 32). Virginies Tod schließlich besiegelt den endgültigen Verlust. Auch ihre Liebe zu Victor, ihrem Neffen, findet ein vorzeitiges Ende, denn seine Abreise wird zu einem Abschied für immer. Ihre Sorge für die Mitmenschen findet indes weitere Ziele – Soldaten, Cholerakranke und Polen –, bevor sie sich dem alten père Colmiche zuwendet und ihm bis zu seinem Tode beisteht. An dem Tag, an dem sie eine Messe für ihn lesen läßt, bringt man ihr den Papagei Loulou ins Haus; auf ihn projiziert sie noch einmal ihre ganze Zuwendung. – Mit einem einzigen Detail bei der Beschreibung ihrer Kleidung, »un tablier à bavette, comme les infirmières d'hôpital« (S. 6), hat Flaubert bereits Félicités Bestimmung im Leben, das unablässige geduldige Sichaufopfern, vorgezeichnet.

Parallel zu den immer mehr schwindenden Möglichkeiten einer Selbstverwirklichung verläuft ihr Rückzug nach innen, die Abkehr von der Außenwelt (»Le petit cercle de ses idées se rétrécit encore«, S. 55). Ihre physischen Kräfte lassen nach, allmählich versagen ihr Glieder und Sinne den Dienst und werfen sie auf sich selbst zurück. Die Habseligkeiten in ihrem Zimmer werden zu Reliquien. Erst in dem Augenblick, als Félicité

Loulou ausgestopft und als Objekt verewigt zurückbekommt, gewinnt dieser bei der anfänglichen Beschreibung des Hauses ausgesparte Raum Konturen: »[Il] avait l'air tout à la fois d'une chapelle et d'un bazar, tant il contenait d'objets religieux et de choses hétéroclites« (S. 60). – Die einzelnen Stationen ihres Lebens, ihrer Entsagung werden hier, als »souvenirs« materialisiert, zu sichtbar gemachten Zeichen all ihres Verlusts – Kultgegenstände dennoch, in deren Betrachtung sie versinkt.

Auch Félicités Umgebung ist dem kontinuierlichen Verfall preisgegeben: Modergeruch des Hauses, fallendes Laub, das verkommende Gut Toucques, die Plünderung des Hauses durch die Erben, das regendurchlässige Dach sind nur einige Beispiele. Überall ist der Niedergang spürbar, in allem ist der Keim des Todes. Zwar gibt es Versuche, dem allgemeinen Auflösungsprozeß entgegenzuwirken, sie bleiben jedoch ohne Erfolg. Félicités Sieg über den Stier kann den Verlust, das Auslöschen der Familie, nur aufschieben. Sogar der ausgestopfte, konservierte Loulou wird bis fast zur Unkenntlichkeit von Würmern zerfressen.

Indes – längst ist die Gegenbewegung angelegt, denn alle leidvollen Erlebnisse der Magd, die gewissermaßen Stationen eines Kreuzwegs gleichkommen, lassen sich deuten als Beispiele der Selbstlosigkeit (»La bonté de son cœur se développa«, S. 49). Der befreiende Weg weist nach oben, hinauf zu den »cieux entrouverts« der Schlußszene.

Düfte und Klänge des Sommers leiten die Schluß- und Sterbeszene ein und begleiten die näherkommende Prozession, deren Glanz und Pomp feierlich und zugleich ein wenig lächerlich wirken. »Mère Simon«, die zuvor nur mit bescheidenen Aufgaben betraut war (»fendre le bois«, »pomper de l'eau«, S. 66), steht Félicité in der Sterbestunde bei und dient ihr, als die Prozession den Altar erreicht, als Mittlerin zwischen Innen und Außen. Inmitten dieses Altars findet sich Loulou, wurmzerfressen zwar, aber mit einem »front bleu, pareil à une plaque de lapis« (S. 71). Im Grunde genommen bedarf es der mère Simon nicht, denn das Fieber und die Erinnerungen lassen das Geschehen vor Félicités innerem Auge ablaufen (»En songeant à la procession, elle la voyait, comme si elle l'eût suivie«, S. 68). Der letzte ihr verbliebene Sinn, der Geruchssinn, versetzt sie schließlich in einen Zustand, in dem die Grenzen zwischen Realität und Imagination aufgehoben sind. Eine Welle intensiven, gleichsam sinnlichen Glücksgefühls trägt sie empor in die schwebende Unendlichkeit, zu einer übersinnlichen Vision des Heiligen Geistes in der Gestalt Loulous.

Félicité scheint gerettet, erlöst. Erlösung aber nur aus der naiven Sicht ihres einfältigen Verstandes? Der Leser bleibt zweifelnd und unsicher zurück, und dies ist das Resultat einer bewußten Stilhaltung des Autors. Denn der Erzähler gibt dem Leser kaum explizite Verständnishilfen in Form von Kommentaren an die Hand. Wo Veranlagung, Milieu und Umstände das Handeln motivieren und erklären, ist seine Intervention selten geworden (wenige Beispiele: »avec l'imagination que donnent les vraies tendresses, il lui sembla [. . .]«, S. 29; »tant son intelligence était bornée«, S. 38; »pour de pareilles âmes le surnaturel est tout simple«, S. 45). – Häufig spiegelt das, was man zunächst als die Worte des Autors ausmacht, nur das subjektive Denken und Erleben der Personen wider. Der Erzähler präsentiert die Ereignisse, wie es den Bewußtseinsinhalten und Reaktionen dieser Personen entspricht. Sie sind das Wahrnehmungszentrum erzählender Beschreibungen, auch wenn sie als Subjekt nicht genannt werden. »Il faut, par un effort d'esprit, se transporter dans les personnages, et non les attirer à soi« (Corr. V, 257). Flaubert versetzt sich in das Denken und Fühlen seiner Gestalten, was am dichtesten im Vergleich gelingt: »[. . .] au fond, de grandes herbes s'y penchaient, comme des chevelures de cadavres flottant dans l'eau« (S. 40).

Wenn der übergreifende Blick des Erzählers fehlt, stehen einzelne Episoden unverbunden nebeneinander, von Zufällen beherrscht (»Elle eut envie de se mettre dans les demoiselles de la Vierge. Mme Aubain l'en dissuada. Un événement considérable surgit: le mariage de Paul«, S. 62). Die zeitliche Reihenfolge ist zwar gewahrt, aber eine Schlußfolgerung aus dem Vorhergehenden, eine Kausalkette wird nicht deutlich gemacht (»Les lattes du toit pourrissaient; pendant tout un hiver son traversin fut mouillé. Après Pâques, elle cracha du sang«, S. 66). Kausale, finale, konsekutive und adversative Konjunktionen fehlen, denn Gliederung und Bewertung sind nicht zulässig. – Bezeichnend für die Technik der »blancs«, bei der Zwischenstadien des Handlungsablaufs übersprungen werden, ist das Beispiel S. 59, wo Félicité auf der Anhöhe von Ecquemauville von Erinnerungen niedergedrückt wird, sich dann aber plötzlich, ohne Übergang, in Honfleur wiederfindet (»Puis elle voulut parler au capitaine«). – Eine ganze Ereigniskette, bei der nur der Zufall Regie zu führen scheint, ist folgende: Ausflug zum Gut Geffosses; bei der Rückkehr Attacke des Stiers, die zwar Félicité Ruhm einbringt, aber keinen direkten Einfluß auf ihr weiteres Leben hat; Virginie statt dessen ist seither leidend und wird sich nicht mehr erholen; man empfiehlt Aufenthalte am Meer, anläßlich deren Félicité wiederum auf ihren Neffen trifft, den sie aber erst richtig in ihr Leben miteinbezieht, als Virginie ins Pensionat übersiedelt. Psychologische Verkettung empfindet der Autor als Einmischung. Motiv und Handlung bleiben getrennt. – Diese Zufallshäufung in Situationen, die die Personen beherrschen, sie weitertreiben, keine Einflußnahme zulassen, suggerieren eine dem Fatum preisgegebene sinnentleerte Welt. Verstärkt wird dieser Eindruck durch den Zeitengebrauch. Proust spricht hier vom »ewigen Imperfekt Flauberts«. Dieses Zustandstempus spiegelt die Monotonie des Geschehens, die Ereignislosigkeit, die zerronnene Zeit – kaum gegliedert (»tous les jeudis«, »quand le temps était clair«, »en toute saison«) –, die die Personen fortschwemmt. Es ist bezeichnend, daß Dialoge und direkte Rede äußerst sparsam verwendet werden; vorherrschend ist die erlebte Rede.

Neben den »blancs« ist ein weiteres Strukturprinzip die Antizipation, bzw. das »déplacement« einzelner Informationen, die nicht da gegeben werden, wo der Leser, gewohnt an die Kausalkette der klassischen Erzählung, sie erwartet. Ihre Motivierung erfolgt nachträglich. Eine Einzelheit wird erwähnt, scheinbar ohne Bedeutung, bevor sie für das Verständnis notwendig wird, z. B. gehört die »géographie des estampes« zunächst in den Zusammenhang der »éducation littéraire«, gewinnt ihre eigentliche Bedeutung aber erst als Bindeglied zu Victor, seinen Reisen in die Ferne, seinem Tod und letztlich zu dem exotischen Papagei Loulou. Die Verkettung und Verdichtung, die sich hier und bei anderen ähnlichen Beispielen ergibt, bereitet schon den Vorgang des »voir ensemble«, der »confusion« der Schlußszene vor. – Auch Personen werden genannt, bevor sie von Bedeutung sind: Félicités Schwester wird erwähnt; drei Kinder sind bei ihr, darunter »un petit mousse« (S. 24). Erst später (vgl. S. 31) bekommt er einen Namen und wird Teil von Félicités Leben, als Virginie ihm durch ihren Weggang sozusagen Platz gemacht hat.

Dieser letzte Sachverhalt führt zum Prinzip der Serie. Immer nur nacheinander (»successivement«) werden die einzelnen Menschen für Félicité wichtig, wobei ihr Anspruch immer geringer zu werden scheint. Ohne Kommentar, nur durch das formale Prinzip der Aufeinanderfolge, gibt Flaubert den Hinweis auf Félicités gewissermaßen begrenztes Geistes- und Gefühlsleben. Ihre Zuwendung, ihr Wunsch nach Identifikation kann immer nur ein einziges Objekt erfassen. Erst wenn dieses abgetreten ist, wird es durch das nächste, zufällig getroffene ersetzt, und erst dann ist auch eine Verbindung möglich (bei Virginies Begräbnis denkt Félicité an ihren Neffen, vgl. S. 44).

Strukturbildend ist auch eine andere Art der Wiederholung, bei der einzelne Namen oder Begriffe für identische Situationen im Leben der Magd stehen. Genannt seien die zwei deutlichsten Beispiele: »Honfleur« und »Fête-Dieu«. »Honfleur« als Station der leidvollen Erfahrung und Symbol der Entbehrung kennzeichnet die fallende Linie (Abschied von Victor, vgl. S. 33; Sterbeort Virginies, vgl. S. 42; Zusammenschau ihres bisherigen Elends und vorläufiger Abschied von Loulou, vgl. S. 59), »Fête-Dieu« dagegen die im metaphysisch-spirituellen Bereich aufsteigende Linie, denn das Fest mitsamt seinen Vorbereitungen symbolisiert Auftrieb und Überwindung der Traurigkeit (»[. . .] elles firent ensemble un reposoir«, S. 28; »les processions [. . .] la ranimaient«, S. 61; »Le moment des reposoirs approchait«, S. 66). In beiden Fällen ist jeweils das dritte Mal resümierender Höhepunkt.

Ebenfalls wiederkehrend sind bestimmte akustische Signale: regelmäßige, hämmernde, hallende Geräusche werden laut an exponierten Textstellen (der Stier mit seinen »sabots, comme des marteaux«, S. 16; das Klappern der Holzschuhe auf den Fliesen der Kirche, vgl. S. 27; das Läuten der Totenglocke, vgl. S. 42). Stille läßt sie um so deutlicher hervortreten (»Ce silence épandu augmentait la tranquillité des choses. Au loin, les marteaux des calfats [. . .]«, S. 23). Die erste Begegnung mit Théodore findet im Trubel des Jahrmarkts statt, die zweite in der Ruhe der nächtlichen Landschaft; Marktgeschrei bildet den Gegensatz zur Stille des Zimmers, in dem Félicité die Nachricht von Victors Tod empfängt.
Solchermaßen vorbereitet ist der Höhepunkt der Schlußszene, in der die Gesänge der näherkommenden Prozession mit Félicités Röcheln und schließlich mit der Stille des Sterbezimmers kontrastieren. Alternierend und ohne Übergang werden beide Schauplätze, Außenwelt und Innenraum, beschrieben und in einen Zusammenhang gebracht, der in seiner makabren Wirkung an die berühmte Szene der landwirtschaftlichen Produktionsschau in *Madame Bovary* (2. Teil, 8. Kap.) erinnert. Diese Diskrepanz als Widerschein der umfassenden Entfremdung zwischen Individuum und Welt, einer Grunderfahrung des Autors, ist in den Kompositionsstil des Textes transponiert.

Die bewußte Strukturierung des Textes, seine dichte »Webart«, zeugt von Flauberts eminentem Stilwillen, seinem Ringen um Präzision auf allen Ebenen, vom Aussagewert des Wortes bis hin zum Rhythmus des Satzes. Jeder Satz passierte sein »gueuloir«, d. h., wurde erst nach lautem Deklamieren für gut befunden.
Die Kunst der vollendeten Form, die Objektivierung durch das Wort, war für Flaubert das Mittel, die Wirklichkeit zu bewältigen. Sein Stilideal wird geprägt von der programmatischen Trias »impassibilité, impersonnalité, impartialité«. »Impassibilité« (Unerregbarkeit) ist nicht mit Gefühllosigkeit gleichzusetzen. Im Gegenteil – was der Autor schildern will, muß er zuvor zutiefst empfunden haben. Entscheidend ist dann allerdings die

totale Objektivierung, denn im Moment der künstlerischen Produktion ist Empfindungsfähigkeit unerwünscht (»Moins on sent une chose, plus on est apte à l'exprimer comme elle est, [. . .] Mais il faut avoir la faculté de se la faire sentir«, Corr. II, S. 462). Desgleichen bedeutet »impersonnalité« nicht totale Distanziertheit. Auch hier wird zunächst hohes Einfühlungsvermögen vorausgesetzt, das dann aber die Persönlichkeit des Autors abstreift, um die Denk- und Sehweise aller umfassen zu können (»L'auteur, dans son œuvre, doit être comme Dieu dans l'univers, présent partout, et visible nulle part«, Corr. III, S. 61). Es bleibt noch die »impartialité«, die bei der Darstellung der Wahrheit unerläßlich ist, denn für Flaubert gibt es nicht mehr die *eine*, vom traditionellen, »allwissenden« Erzähler verkündete Wahrheit. Sie hat sich aufgelöst in eine Reihe divergierender, partikularer Standpunkte, die die handelnden Personen einnehmen und die hier ohne Wertung, ohne Stellungnahme, Schlußfolgerung oder gar moralisches Urteil dargestellt werden.

Skrupulöse Prüfung einer umfangreichen Materialsammlung, dokumentarische Exaktheit bei Untersuchungen und Beobachtungen, ein geradezu wissenschaftliches Vorgehen ist die unabdingbare Voraussetzung für die Erfassung der Wirklichkeit und steht am Anfang jeder schriftstellerischen Tätigkeit. Die Realität muß durchschaut, auseinandergenommen, seziert werden, damit man sie bloßlegen kann: »disséquer est une vengeance« (Corr. V, S. 347). Kunst als Rache an der Trivialität des Daseins. Allein in der Sachlichkeit reinen Feststellens liegt noch die Möglichkeit, der Verzweiflung über das Schicksal Herr zu werden. Das Schicksal ist blind, die Umwelt feindlich, widerstrebend, fremd, erzeugt Haß, Ekel und tiefen Pessimismus, löst aber gerade dadurch bei dem Schriftsteller Flaubert eine künstlerische Produktivität aus, die ihn mit ihrem Erkenntnis- und Stilwillen, mit ihrer Objektivierung und »Entselbstung« vor dem sinnentleerten Dasein rettet.

Als am 25. Februar 1848 die Monarchie des Bürgerkönigs gestürzt wird, ist Flaubert 27 Jahre alt. Die Zweite Republik besteht nur wenige Wochen. Nach einem letzten Aufbegehren der Arbeiterschaft wird Louis Bonaparte Staatspräsident; drei Jahre später macht er sich durch den Staatsstreich zum Kaiser. Als Flaubert im Jahr 1880 stirbt, besteht auch das Zweite Kaiserreich nicht mehr. – Wen wundert angesichts des Wechsels der Regime Flauberts resignierte Einstellung zur Politik und den Parteien: »[. . .] je les exècre tous, parce qu'ils me semblent également bornés, faux, puérils, s'attaquant à l'éphémère, sans vues d'ensemble et ne s'élevant jamais au-dessus de l'utile« (Corr. IV, S. 170). – Desillusioniert und voller Pessimismus zieht er sich früh schon aus dem aktiven Leben zurück. Seinen Platz als Künstler sieht er nicht mehr innerhalb der Gesellschaft, deren kollektiver moralischer Bankrott ihn aufs heftigste abstößt. Was er befürchtet, ist die Übermacht der Trivialität: »Tout le rêve de la démocratie est d'élever le prolétaire au niveau de bêtise du bourgeois« (Corr. VI, S. 287). Sein großes Schreckensbild ist die Herrschaft der Masse, von der er sagt, man solle ihr die Freiheit geben, aber nicht die Macht (vgl. Corr. VI, S. 287). – Sein tiefer Haß gilt dem »Bourgeois«. Mit seiner falschen Moral, seiner Halbbildung setzt sich Flaubert in seinem Werk und seinen Briefen erbarmungslos auseinander, denn nur mit bitterer Ironie und vernichtender Analyse ist er in der Lage, seinen Ungeist zu ertragen. Ventil für seinen Haß ist seine Literarisierung als Groteskfigur, wobei der Begriff »bourgeois« immer die Lebensform, den geistigen Habitus kennzeichnet und nicht die Zugehörigkeit zur sozialen Klasse. Schließlich gehört Flaubert selbst der Klasse des Bürgertums an.

Seine Mutter entstammte einer Arztfamilie, sein Vater war Chirurg in Rouen, Chefarzt am dortigen Krankenhaus, wo Flaubert am 12. Dezember 1821 geboren wird und mit Bruder und Schwester aufwächst. Diese Umgebung, wo Leben und Tod nahe beieinanderliegen, verstärkt schon in frühen Jahren seinen Hang zum Pessimismus. Eben diesem Umfeld verdankt er aber auch sein Interesse an wissenschaftlichem Vorgehen, an peinlich genauer Analyse und Auswertung der Ergebnisse.

Von 1832 bis 1839 besucht er das Gymnasium, trifft auf gleich-

gesinnte Kameraden und teilt mit ihnen eine von romantischem Lebensgefühl, Weltschmerz und Todessehnsucht geprägte Schwärmerei. – Im Alter von 15 Jahren begegnet er in Trouville Elisa Schlesinger, einer verheirateten Frau, der seine unausgesprochene, lange währende Leidenschaft gilt. Sie inspiriert ihn zu den *Mémoires d'un Fou* (1838 erschienen), die zusammen mit *Novembre* (1842) die ersten autobiographischen, lyrisch-romantischen Selbstaussagen bilden. Das 1842 in Paris begonnene Jurastudium findet bereits nach zwei Jahren ein Ende durch den Ausbruch einer Nervenkrankheit, die Flauberts weiteres Leben entscheidend beeinflußt. Er siedelt über nach Croisset, einem von der Familie erworbenen Landgut an der Seine, unweit Rouen. Dort führt er nach dem Tod von Vater und Schwester (1846) zusammen mit Mutter und Nichte ein zurückgezogenes Leben, bestehend aus einer Kette langer und strenger Arbeitstage, die nur durch zeitweilige Aufenthalte in Paris, Kontakte zu Freunden und wenige Reisen unterbrochen wird. In diesen Jahren – Ausbruch der Krankheit und Übersiedelung nach Croisset 1844, Erlebnis der Revolution 1848, große Orientreise 1849–51 – vollzieht sich die Wende, die Flaubert zu einem Neuverständnis der Kunst führt. Der Bruch mit der Romantik ist vollzogen, wenngleich Flaubert sich zeitlebens ihrem Einfluß nicht ganz entziehen kann. An Louise Colet, die Freundin dieser Jahre, schreibt er: »Il y a en moi, littérairement parlant, deux bonshommes distincts: un qui est épris de ›gueulades‹, de lyrisme, de grands vols d'aigle, de toutes les sonorités de la phrase et des sommets de l'idée; un autre qui fouille et creuse le vrai tant qu'il peut, qui aime à accuser le petit fait aussi puissamment que le grand, qui voudrait vous faire sentir presque ›matériellement‹ les choses qu'il reproduit« (Corr. II, S. 343 f.). – Oberhand gewinnt die objektive, unpersönliche Darstellung.
1849 erfolgt eine erste Fassung der *Tentation de Saint-Antoine*, die jedoch von den Freunden Maxime du Camp und Louis Bouilhet mit vernichtender Kritik bedacht wird. Nach der Rückkehr aus dem Orient beginnt Flaubert mit der Arbeit an seinem auf einem »fait divers« beruhenden Roman *Madame*

Bovary. Leben in der Provinz, Illusionen, Leidenschaft, Ehebruch und Selbstmord sind die Themen dieses nach viereinhalb Jahren intensivster Arbeit fertiggestellten, 1857 erschienenen Werkes, in dem er sein ästhetisches Ideal verwirklicht sieht. Der Roman wird zu einem Publikumserfolg, bringt ihm aber auch einen Prozeß wegen Gefährdung der Moral ein. 1862 veröffentlicht er den historischen Roman *Salammbô*. Der Wechsel zu orientalischen, bzw. historischen Stoffen bietet Flaubert immer wieder die Möglichkeit, seinen Haß auf das aktuelle Geschehen zu verdrängen. 1869 erscheint die zweite Fassung der *Éducation sentimentale* (eine erste Fassung wurde bereits zwischen 1843 und 1845 niedergeschrieben). Im Zentrum steht der Lebensweg eines jungen Mannes, seine Liebe zu einer verheirateten Frau. Anfangs wahre Gefühle gehen letztendlich in banaler Alltäglichkeit zugrunde. Flauberts persönliches Erlebnis der Revolution von 1848 spiegelt sich hier ebenso wie überhaupt die innere Haltung seiner desillusionierten Generation. – Das Unverständnis des Publikums für dieses Werk trifft Flaubert tief. Bedrückende Erlebnisse in den folgenden Jahren bestärken ihn in seiner pessimistischen Grundhaltung: Hilfe für seine Nichte läßt ihn in finanzielle Not geraten, Todesfälle im Freundeskreis häufen sich – es sterben zwischen 1869 und 1876 Louis Bouilhet, Charles-Augustin Sainte-Beuve, Théophile Gautier, George Sand und Louise Colet. Tod der Mutter 1872. – Die letzten Lebensjahre widmet er hauptsächlich der 1873 begonnenen, nicht vollendeten romanhaften Satire *Bouvard et Pécuchet*, die seinen ganzen Haß auf die Borniertheit und Selbstzufriedenheit des »Bourgeois« enthält (»Je tâcherai de vomir mon venin dans mon livre. Cet espoir me soulage« Corr. VIII, S. 85). Die frühere Arbeit an einem *Dictionnaire des idées reçues*, einem Verzeichnis von Klischees, Gemeinplätzen und Platitüden aus dem Ideen- und Sprachreservoir seiner Zeitgenossen, kommt ihm hierbei zugute. Als letzte Veröffentlichungen vor seinem Tod im Jahr 1880 erscheinen 1874 die endgültige Fassung der *Tentation de Saint-Antoine* und 1877 die *Trois Contes* mit den Erzählungen *Saint-Julien l'Hospitalier, Un Cœur simple* und *Hérodias*. – Flaubert lehnte es ab, seinen Werken eine Préface voran-

zustellen. Seine Vorstellungen zur Kunsttheorie, die unendlichen Schwierigkeiten des Menschen Flaubert bei der Umsetzung und Niederschrift bilden für uns indes das Hauptinteresse an seiner jahrzehntelang geführten, uns vorliegenden Korrespondenz. Neben den engsten Freunden sind seine Adressaten Victor Hugo, Théophile Gautier, Sainte-Beuve, Guy de Maupassant und Émile Zola.
Es war Flaubert noch zu Lebzeiten vergönnt, von der nachwachsenden Schriftstellergeneration, darunter Maupassant, als »Meister« verehrt zu werden. – Meister des Realismus? Realist ist Flaubert insofern, als er das Häßliche, Triviale, Banale in seinen Themenkreis aufnimmt und sachliche Richtigkeit gewährt, indem er sich wissenschaftlicher Methoden bedient. Niemals aber handelt es sich um ein plattes Spiegelbild der Realität, wie die Photographie es zustandebringt. Was Flaubert erstrebt, ist nicht Abbildung, sondern eine »zweite Schöpfung«. Autonomie der Kunst, Ideal des »art pur« – das sind die Ziele, für die er die »affres du style« (Corr. V, S. 250) auf sich nimmt. Jedem einzelnen Satz, jedem einzelnen Wort gilt das qualvolle, selbstzerfleischende Ringen, das in tiefe Erschöpfung und unsagbare Erleichterung mündet; so schreibt er am 17. August 1876 an seine Nichte: »Hier, à 1 heure de nuit, j'ai terminé mon *cœur simple* et je le recopie. Maintenant je m'aperçois de ma fatigue, je souffle, oppressé comme un gros bœuf qui a trop labouré« (Corr. VII, S. 339).

Brigitte Sahner

Inhalt